# EDUCARE ALLE EMOZIONI:

## Il viaggio emotivo dei bambini

*Dall'intelligenza Emotiva*

*al Potere di una Crescita Consapevole,*

*con Strumenti per Riconoscere*

*e Gestire i Propri Sentimenti.*

di Aurora Petracca

# INDICE

# L'importanza dell'educazione emotiva

## 1.1. Il ruolo delle emozioni nella nostra vita

Le emozioni sono state per lungo tempo oggetto di studio e di fascinazione per filosofi, poeti, artisti e, più recentemente, per psicologi e neuroscienziati. Questo non è una coincidenza. Le emozioni giocano un ruolo centrale nella nostra vita, modellando le nostre esperienze, le nostre reazioni e, in ultima analisi, il nostro essere. Fin dai primi giorni di vita, i bambini mostrano segni evidenti di emozioni. Un neonato può piangere di disagio o sorridere nel sonno, anche se non ha ancora le parole per esprimere ciò che sente.

Ogni emozione ha una sua funzione. La paura, ad esempio, ci protegge dai pericoli, rendendoci cauti di fronte a situazioni incerte o minacciose. La felicità rafforza i legami sociali, facendo sì che condividiamo i momenti gioiosi con gli altri e cerchiamo la loro compagnia. La tristezza, pur essendo spesso vista come un'emozione negativa, ci permette di riflettere su ciò che non va e di cercare supporto, compassione ed empatia dagli altri.

Le emozioni, quindi, non sono solo stati d'animo passivi, ma forze attive che guidano le nostre azioni, influenzano le nostre decisioni e plasmano le nostre interazioni. Hanno un potente impatto sulla nostra salute fisica e mentale. Quando ci sentiamo costantemente stressati, ansiosi o tristi, il nostro corpo reagisce in modi che possono influire sulla nostra salute. D'altro canto, sentimenti di gioia, gratitudine e amore possono avere effetti benefici sul nostro benessere generale.

Inoltre, le emozioni sono strumenti cruciali di apprendimento. Pensate a quando eravate bambini e toccavate qualcosa di caldo. Il dolore provato vi ha insegnato a non toccare quell'oggetto nuovamente. In modo simile, le emozioni positive associate a certe attività o persone possono spingerci a cercarle di più.

Nel contesto dell'educazione e della crescita, riconoscere e comprendere le proprie emozioni è fondamentale. Questo perché le emozioni influenzano la nostra capacità di apprendere, la nostra motivazione e il nostro comportamento in classe e fuori. Un bambino che si sente ansioso o spaventato potrebbe avere difficoltà a concentrarsi sui suoi studi. D'altro canto, un bambino che si sente sicuro e sostenuto sarà più aperto a nuove esperienze e sfide.

Detto ciò, è importante sottolineare che non tutte le emozioni sono sempre appropriate o produttive in ogni situazione. Ecco perché è fondamentale educare non solo alla riconoscibilità delle emozioni, ma anche alla gestione e regolazione delle stesse.

Iniziare a comprendere il ruolo cruciale delle emozioni nella nostra vita ci porta naturalmente al punto successivo: perché è essenziale educare alle emozioni? E come possiamo, in qualità di adulti, supportare i bambini nel loro viaggio emotivo? La risposta a queste domande diventa chiara quando riflettiamo sull'importanza di vivere una vita emotivamente sana e bilanciata, e su come questo può influire sulla qualità delle nostre esperienze e sulle nostre relazioni con gli altri. E, come vedremo nel punto 1.2, l'educazione emotiva è la chiave per raggiungere questa armonia.

## 1.2. Perché educare alle emozioni

Viviamo in un mondo in cui l'intelligenza quantitativa e le competenze tecniche sono spesso premiate e valorizzate. Eppure, le emozioni permeano ogni aspetto della nostra esistenza. Sono il motore dietro alle nostre motivazioni, le radici dei nostri comportamenti e le lenti attraverso le quali interpretiamo il mondo. Quindi, perché è così vitale educare alle emozioni, specialmente nei nostri bambini?

**Connessione umana**: Al centro della natura umana c'è il desiderio di connessione. Per costruire e mantenere relazioni significative, abbiamo bisogno di empatia, che a sua volta richiede una comprensione delle proprie emozioni e di quelle altrui. Educando i bambini a riconoscere e a gestire le emozioni, li dotiamo della capacità di creare legami autentici e duraturi con le persone che li circondano.

**Salute mentale e benessere**: La negazione o la repressione delle emozioni può avere gravi ripercussioni sulla salute mentale. Insegnando ai bambini ad accettare, esprimere e gestire le emozioni in modo sano, preveniamo la comparsa di problemi come l'ansia, la depressione o i disturbi del comportamento in seguito nella vita.

**Presa di decisioni**: Le emozioni influenzano profondamente le nostre decisioni. Avere consapevolezza di come le emozioni influenzano il processo decisionale può aiutare i bambini a prendere scelte informate e ponderate.

**Resilienza**: La vita è piena di alti e bassi. L'abilità di navigare attraverso le sfide, accettare le sconfitte e imparare dagli errori è inestimabile. L'educazione emotiva contribuisce a sviluppare una resilienza, permettendo ai bambini di affrontare le avversità con forza e determinazione.

**Autorealizzazione**: Comprendere le proprie emozioni è fondamentale per la realizzazione personale. Perseguire le passioni, identificare ciò che ci rende felici o capire cosa ci spaventa sono tutti legati alla nostra capacità di introspezione e consapevolezza emotiva.

E mentre queste sono solo alcune delle ragioni per le quali l'educazione emotiva è essenziale, c'è un'ulteriore considerazione che dovremmo tenere a mente: viviamo in un mondo in rapida evoluzione. In un'epoca in cui l'intelligenza artificiale e l'automazione stanno trasformando la nostra società, le competenze puramente tecniche possono diventare obsolete. Tuttavia, le abilità emotive, come l'empatia, la collaborazione e la creatività, sono insostituibili e saranno sempre più preziose.

Con tutto ciò in mente, è evidente che l'educazione emotiva non è un "extra" o un "complemento" all'educazione tradizionale, ma piuttosto una componente fondamentale della crescita e dello sviluppo di un individuo. E proprio come con qualsiasi altra forma di educazione, più presto iniziamo, meglio è.

Ma come possiamo realmente integrare l'educazione emotiva nella vita dei bambini e assicurarci che imparino a navigare nel vasto oceano delle emozioni umane? Nel prossimo punto, esploreremo come le emozioni sono profondamente intrecciate con la crescita personale e come, come educatori e genitori, possiamo aiutare i bambini a sfruttare il potere delle emozioni per una crescita personale profonda e significativa.

## 1.3 Emozioni e crescita: un legame inscindibile

Nel vasto panorama della crescita umana, le emozioni occupano un posto speciale. Non sono solo semplici reazioni a stimoli esterni, ma piuttosto i segnali che ci guidano attraverso la vita, influenzando ogni decisione, ogni relazione e ogni percezione che abbiamo di noi stessi e del mondo intorno a noi. È attraverso le emozioni che viviamo, percepiamo e ci relazioniamo con gli altri.

Fin dai primi giorni di vita, un bambino sperimenta una vasta gamma di emozioni. Queste sensazioni primordiali danno forma alle loro prime esperienze. Un pianto può esprimere disagio, fame o la semplice necessità di contatto umano. Man mano che il bambino cresce, queste manifestazioni emotive si evolvono e diventano più complesse, riflettendo le loro crescenti comprensioni e interazioni con il mondo.

La crescita non riguarda solo l'acquisizione di nuove abilità o la maturazione fisica. In realtà, è un intricato intreccio di sviluppo cognitivo, emotivo e sociale. E al centro di tutto ciò ci sono le emozioni. Un bambino che impara a camminare, ad esempio, non sta solo sviluppando una nuova abilità motoria, ma sta anche esplorando sentimenti di indipendenza, autostima e forse anche frustrazione.

Questo legame inscindibile tra emozioni e crescita ha profonde implicazioni:

**Impatto sull'apprendimento**: Le emozioni influenzano direttamente la capacità di un bambino di apprendere. Un bambino che si sente sicuro, supportato e compreso sarà più aperto e recettivo all'apprendimento rispetto a uno che si sente ansioso o spaventato.

**Formazione dell'identità**: Le esperienze emotive di un bambino influenzano la sua autopercezione e il modo in cui si vede nel contesto più ampio della società. Ad esempio, un bambino che viene costantemente elogiato potrebbe sviluppare una forte autostima, mentre uno che viene regolarmente criticato potrebbe lottare con sentimenti di inadeguatezza.

**Sviluppo delle relazioni**: Le emozioni giocano un ruolo cruciale nella formazione e manutenzione delle relazioni. Un bambino che può riconoscere, esprimere e gestire le proprie emozioni sarà meglio equipaggiato per interagire con gli altri in modi sani e produttivi.

È essenziale che, come adulti responsabili della crescita dei bambini, riconosciamo e onoriamo questo legame profondo tra emozioni e sviluppo. Ogni fase della crescita porta con sé nuove sfide emotive e nuove opportunità. E, come vedremo nel prossimo capitolo, gli adulti giocano un ruolo cruciale nell'aiutare i bambini a navigare in questo viaggio emotivo, fornendo supporto, comprensione e gli strumenti necessari per prosperare.

# 1.4 La responsabilità degli adulti

Essere adulti comporta molteplici responsabilità, e tra queste, una delle più profonde e significative è certamente quella di accompagnare i bambini nel loro viaggio emotivo. Mentre i bambini esplorano il mondo, sperimentano una miriade di emozioni, molte delle quali possono non comprendere o sapere come gestire. Qui entra in gioco il ruolo cruciale degli adulti: genitori, educatori, parenti e ogni figura di riferimento nella vita di un bambino.

**Guidare con l'esempio**: Prima di tutto, è fondamentale capire che i bambini imparano osservando. Ogni nostra azione, reazione e comportamento funge da modello. Se un adulto gestisce la frustrazione urlando o mostrando aggressività, un bambino può apprendere che tale comportamento è un modo accettabile di esprimere la propria frustrazione. D'altro canto, se un adulto mostra empatia, ascolto e pazienza, il bambino apprenderà l'importanza di tali valori nella gestione delle emozioni.

**Fornire un ambiente sicuro**: I bambini hanno bisogno di sentirsi al sicuro per esplorare e comprendere le proprie emozioni. Un ambiente in cui le emozioni vengono ridicolizzate, ignorate o punite non favorisce una sana crescita emotiva. Al contrario, un ambiente in cui i sentimenti sono riconosciuti, validati e discussi apertamente può aiutare i bambini a comprendere e gestire le proprie emozioni.

**Essere disponibili all'ascolto**: Ogni emozione, indipendentemente da quanto possa sembrare banale o insignificante, è reale e significativa per il bambino. Quando un bambino esprime paura, tristezza, gioia o qualsiasi altra emozione, è importante che l'adulto sia presente. Ascoltare con attenzione, senza giudicare o minimizzare, può fare una grande differenza nella vita emotiva di un bambino.

**Fornire strumenti e risorse**: Non sempre i bambini hanno le parole o i mezzi per esprimere ciò che sentono. Gli adulti possono aiutarli fornendo strumenti, come libri, giochi o attività, che possono aiutare i bambini a esplorare e comunicare le proprie emozioni. Ad esempio, un libro sulle emozioni o un gioco di ruolo può offrire al bambino l'opportunità di riconoscere e discutere ciò che sente in un ambiente controllato.

**Promuovere la resilienza**: La vita è piena di alti e bassi, e una delle competenze più preziose che possiamo trasmettere ai bambini è la resilienza. Mostrare loro che è normale avere giorni difficili, ma che con il sostegno, la comprensione e gli strumenti giusti, possono superare qualsiasi sfida, è fondamentale per la loro crescita emotiva.

In sintesi, la responsabilità degli adulti nel viaggio emotivo dei bambini è immensa. Non si tratta solo di fornire risposte o soluzioni, ma di essere una presenza costante, supportiva e amorevole nella loro vita. E come vedremo nel prossimo capitolo, la struttura di questo libro e come utilizzarlo, è concepito per offrire una guida pratica e approfondita a tutti gli adulti impegnati in questo compito vitale.

## 1.5 Struttura del libro e come utilizzarlo

Questo libro è stato sapientemente strutturato per accompagnarti in un viaggio profondo e appagante attraverso l'educazione emotiva dei più piccoli. Ogni capitolo è un mattoncino che contribuisce a costruire un edificio solido di conoscenza e pratica, e ogni sezione è strettamente collegata alla successiva, garantendo una progressione logica e coerente.

Il viaggio inizia con una panoramica dell'importanza di educare alle emozioni fin dalla tenera età, partiamo dalle fondamenta: la comprensione delle emozioni basilari. Qui, avrai l'opportunità di esplorare le diverse sfaccettature del mondo emotivo, capendo come ogni sentimento, sia positivo che negativo, contribuisca alla costruzione dell'identità del bambino.

Proseguiamo con un profondo tuffo nell'empatia e nell'amicizia. In questi capitoli, affrontiamo la cruciale importanza di costruire legami solidi e di educare al riconoscimento e alla condivisione dei sentimenti altrui. L'empatia diventa anche uno strumento di prevenzione dei conflitti, permettendo ai piccoli di affrontare le sfide con una maggiore consapevolezza.

Successivamente, ci immergiamo nel concetto di resilienza. Sapere come affrontare le sconfitte e come trarre insegnamenti da esse è fondamentale per lo sviluppo di un individuo forte e consapevole. Sarai guidato attraverso esempi pratici e storie di resilienza che ispirano e motivano.

La natura svolge un ruolo centrale nella connessione delle emozioni. Esploreremo il beneficio di trascorrere tempo all'aperto, di educare con consapevolezza ambientale e di come il rispetto per l'ambiente sia legato strettamente al rispetto per sé stessi e per gli altri.

Concludiamo con una riflessione profonda sull'educazione emotiva nel contesto moderno. Quest'ultima sezione sottolinea l'importanza di un ambiente positivo e dell'educazione continua, non solo per i bambini, ma anche per gli adulti.

Non affrettarti. Assapora ogni capitolo, rifletti sulle informazioni presentate e applicale nella tua vita quotidiana e in quella dei bambini con cui interagisci. Questo libro non è solo una lettura, ma uno strumento vivo, progettato per essere utilizzato, discusso e condiviso.

Per utilizzare al meglio questo libro, vi suggeriamo di prendervi il vostro tempo. Non c'è fretta. L'importante è che, ad ogni passo, ci si senta sicuri delle nozioni acquisite prima di avanzare. E ricordate: ogni viaggio, anche il più lungo, inizia con un singolo passo.


Ricorda, l'educazione emotiva è un viaggio, non una destinazione. Questo libro è il vostro compagno di viaggio, e vi guiderà con sicurezza attraverso ogni tappa di questo meraviglioso percorso.
Buon viaggio nell'affascinante mondo delle emozioni.


Nel prossimo capitolo, entreremo nel cuore del nostro viaggio, esplorando la definizione e le origini dell'intelligenza emotiva, ponendo le basi per tutto ciò che seguirà. Sei pronto? Avventuriamoci insieme in questo affascinante mondo delle emozioni.

# Cosa è l'intelligenza emotiva

## 2.1 Definizione e origini dell'intelligenza emotiva

L'intelligenza emotiva, un concetto che ha guadagnato una vasta popolarità nel corso degli ultimi decenni, rappresenta una delle abilità fondamentali per la vita. Ma cosa significa esattamente? E da dove nasce questo concetto?

L'intelligenza emotiva può essere definita come la capacità di riconoscere, comprendere, utilizzare e gestire le proprie emozioni in modo positivo per rilassarsi, comunicare in modo efficace, superare le sfide e deflazionare i conflitti. Ma va oltre la comprensione di sé stessi: significa anche interpretare e rispondere alle emozioni degli altri. Questa doppia componente - intrapersonale ed interpersonale - rende l'intelligenza emotiva una delle chiavi del successo nelle interazioni umane.

Ma come nasce l'idea dell'intelligenza emotiva? Sebbene le emozioni siano state al centro di studi e riflessioni per millenni, il concetto moderno di intelligenza emotiva ha iniziato a guadagnare terreno negli anni '90, quando un noto psicologo ha suggerito che, mentre l'intelligenza tradizionale (o quoziente d'intelligenza, IQ) è importante, essa non può da sola prevedere il successo nella vita. L'intelligenza emotiva (o EQ), al contrario, offre una visione più completa delle abilità umane, enfatizzando l'importanza dell'empatia, della consapevolezza di sé, della regolazione delle emozioni e delle abilità sociali.

Le origini dell'intelligenza emotiva possono essere rintracciate anche nella ricerca sulla "intelligenza sociale", che ha esaminato come le persone comprendono e navigano nelle situazioni sociali. Con il passare del tempo, gli studiosi hanno iniziato a riconoscere che molte delle abilità che componevano la "intelligenza sociale" erano in realtà legate alle emozioni e alla loro gestione.

Alcuni punti chiave da considerare sull'intelligenza emotiva includono:

**Empatia vs Simpatia**: L'empatia, uno degli aspetti centrali dell'EQ, riguarda la comprensione e la condivisione dei sentimenti di un'altra persona. Non va confusa con la simpatia, che è più un sentimento di preoccupazione per il benessere di un altro, senza necessariamente condividere le sue emozioni.

**Consapevolezza di sé**: La capacità di riconoscere e comprendere le proprie emozioni è la pietra miliare dell'intelligenza emotiva. Questa autoconsapevolezza è il primo passo per gestire efficacemente le proprie emozioni.

**Gestione delle emozioni**: Una volta riconosciute le emozioni, il passo successivo è imparare a gestirle, specialmente quelle difficili o intense, come la rabbia o la tristezza.

**Motivazione intrinseca**: Le persone con un elevato EQ sono spesso guidate da una motivazione intrinseca. Non sono semplicemente spinte da denaro o riconoscimenti, ma da una passione interiore e da un senso di scopo.

Mentre proseguiamo nel libro, esploreremo come l'intelligenza emotiva si manifesta nelle diverse fasi della vita di un bambino e come possiamo, come adulti, nutrirla e guidarla. Nel prossimo capitolo, esamineremo più da vicino la relazione tra intelligenza emotiva e sviluppo del cervello, offrendo una visione basata sulla scienza di come le emozioni e il cervello interagiscono e crescono insieme.

## 2.2 I cinque pilastri dell'intelligenza emotiva

L'intelligenza emotiva, spesso abbreviata come EQ (Emotional Quotient), rappresenta la capacità di riconoscere, comprendere, utilizzare e regolare le emozioni in modo efficace e sano. L'EQ è fondamentale per la nostra interazione con gli altri e per la nostra comprensione di noi stessi. Al cuore dell'intelligenza emotiva, troviamo cinque pilastri principali, ognuno dei quali svolge un ruolo cruciale nell'aiutarci a navigare nel complesso panorama delle emozioni umane.

**Consapevolezza di sé**: Il primo pilastro riguarda la nostra capacità di riconoscere e comprendere le nostre emozioni mentre si manifestano. La consapevolezza di sé richiede una riflessione interna; è la capacità di chiedersi "Come mi sento?" e "Perché mi sento così?".
Una forte consapevolezza di sé può guidare a una migliore comprensione delle emozioni altrui, preparandoci per il prossimo pilastro.
**Empatia**: L'empatia va oltre la semplice simpatia. Mentre la simpatia riguarda il provare compassione per gli altri, l'empatia implica mettersi nei panni di un'altra persona, cercando di sentire e comprendere le loro emozioni come se fossero le proprie.
Una volta che ci mettiamo nei panni di qualcun altro, siamo meglio attrezzati per interagire con loro in modo autentico e significativo.
**Abilità sociali**: Questo pilastro riguarda la capacità di gestire le relazioni e di interagire armoniosamente con gli altri. Le persone con un alto EQ sono solitamente abili comunicatori, capaci di risolvere i conflitti e di lavorare bene in team.
Le forti abilità sociali derivano dalla combinazione di una buona consapevolezza di sé e di empatia. Quando comprendiamo le nostre emozioni e quelle degli altri, possiamo navigare efficacemente nelle dinamiche sociali.
**Autoregolazione**: Mentre la consapevolezza di sé riguarda il riconoscimento delle emozioni, l'autoregolazione riguarda la

gestione di queste emozioni. Ciò include controllare gli impulsi, gestire lo stress e adattarsi ai cambiamenti senza reazioni eccessive o impulsive.

L'abilità di autoregolazione è particolarmente preziosa nelle interazioni sociali. Per esempio, potremmo sentirci feriti da un commento, ma scegliamo di rispondere in modo calmo e costruttivo.

**Motivazione intrinseca**: Al di là delle motivazioni esterne, come denaro o riconoscimento, le persone con un alto EQ sono spesso mosse da una passione interna, da un senso di scopo che alimenta il loro desiderio di conseguire obiettivi e realizzarsi.

Questa passione intrinseca è spesso alimentata da una profonda comprensione delle proprie emozioni e desideri.

Con la comprensione di questi cinque pilastri, possiamo iniziare a vedere come l'EQ influenzi ogni aspetto delle nostre vite. Dalle relazioni personali alle interazioni lavorative, un alto EQ può fare la differenza tra una comunicazione efficace e un'interazione fallimentare. Tuttavia, riconoscere questi pilastri è solo l'inizio. Nel prossimo punto, 2.3, esploreremo come questi pilastri possono essere sviluppati e rafforzati, garantendo che l'EQ non sia solo una dotazione innata, ma una competenza che può essere coltivata e arricchita nel tempo.

## 2.3 Differenza tra IQ ed EQ

L'intelligenza è un concetto affascinante e complesso, spesso associato alle capacità cognitive di un individuo. Tradizionalmente, l'Intelligenza Quoziente, o IQ, ha avuto la prevalenza nel campo dell'educazione e della psicologia, servendo come barometro delle capacità di un individuo nel problem solving, nella logica e nelle abilità matematiche. Misurata attraverso test standardizzati, l'IQ valuta competenze come la memoria e la capacità analitica. Si riteneva che, una volta consolidato in età adulta, l'IQ rimanesse costante, riflettendo le capacità intellettuali innate di un individuo.

Ma negli ultimi decenni, un altro tipo di intelligenza ha guadagnato terreno e attenzione: l'Intelligenza Emotiva, o EQ. Piuttosto che focalizzarsi strettamente sulla cognizione, l'EQ abbraccia un campo più ampio. Considera come le persone interpretano e rispondono alle emozioni, sia le proprie che quelle degli altri. Include aspetti come l'empatia, l'auto-consapevolezza, la motivazione intrinseca e le competenze interpersonali. E, a differenza dell'IQ, si crede che l'EQ possa essere modellato e sviluppato con l'esperienza e l'educazione.

Questo non significa che l'EQ sia superiore all'IQ o viceversa. In realtà, nella tessitura complessa della vita umana, entrambi giocano ruoli fondamentali. Mentre un alto IQ può portare al successo accademico, un robusto EQ può predire una maggiore soddisfazione nelle relazioni personali e professionali. Le persone dotate di un acuto senso dell'intelligenza emotiva tendono a gestire meglio i conflitti, adattarsi ai cambiamenti e navigare le sfide con una maggiore resilienza.

Tuttavia, è fondamentale notare che IQ ed EQ non sono in competizione. Sono due aspetti complementari dell'intelligenza umana. Alcuni potrebbero brillare in uno e lottare nell'altro, bilanciare e coltivare entrambe le forme di intelligenza può offrire i risultati più gratificanti.

Mentre ci avviciniamo al mondo delle emozioni, è essenziale riconoscere l'importanza di entrambe le forme di intelligenza. Entrambi offrono strumenti unici per comprendere noi stessi e il mondo che ci circonda. E come scopriremo nei capitoli successivi, l'interazione tra IQ ed EQ ha implicazioni profonde per come viviamo, amiamo e lavoriamo.

## 2.4 Benefici dell'intelligenza emotiva

L'intelligenza emotiva, da quando ha fatto il suo debutto nel panorama scientifico, ha portato con sé una ventata di cambiamento nel modo in cui percepiamo le nostre interazioni e la nostra collocazione nel mondo. Più che una semplice nozione o un'abilità da acquisire, l'intelligenza emotiva si è rivelata una chiave per una vita più piena e significativa.

Nel profondo di noi stessi, l'auto-consapevolezza è uno dei primi e più importanti frutti dell'intelligenza emotiva. Non si tratta solo di riconoscere le proprie emozioni, ma di sondare le profondità di ciò che realmente sentiamo e perché. Questo viaggio interiore porta alla scoperta delle nostre vere motivazioni, delle nostre paure più nascoste e delle nostre autentiche gioie. Dall'auto-consapevolezza nasce una libertà unica, quella di fare scelte che rispecchiano i nostri veri desideri e valori.

Con una comprensione più profonda delle proprie emozioni, l'arte di gestirle diventa quasi naturale. La tempesta della rabbia può essere calmata con la comprensione, la tristezza può trovare conforto nella riflessione, e l'euforia può essere moderata con la gratitudine. Questa maestria nel navigare il mare delle emozioni non solo ci salva dai rimpianti delle decisioni impulsive, ma ci guida anche verso decisioni ponderate e intenzionali.

Le relazioni, fondamenta della nostra esistenza sociale, diventano anch'esse più ricche e soddisfacenti con l'intelligenza emotiva. L'empatia, una delle sue componenti principali, ci permette di vedere il mondo attraverso gli occhi degli altri, sentire le loro gioie e dolori e agire di conseguenza. Questa capacità di connessione profonda porta a legami autentici e duraturi, offrendoci la rara opportunità di crescere insieme agli altri.

E non dobbiamo dimenticare quanto l'intelligenza emotiva possa influenzare la nostra vita professionale. Oltre alle competenze tecniche, la capacità di lavorare efficacemente in team, gestire i conflitti e ispirare gli altri diventa fondamentale in un mondo sempre più interconnesso. Ecco dove l'intelligenza emotiva entra in gioco come un vero game-changer, permettendoci di navigare le complesse dinamiche di lavoro con grazia e competenza.

Infine, ma non per importanza, la resilienza emerge come uno dei più preziosi doni dell'intelligenza emotiva. Di fronte alle sfide, grandi o piccole, chi possiede un alto grado di intelligenza emotiva trova le risorse per superarle, imparare da esse e andare avanti. È una sorta di corazza invisibile che ci protegge e, allo stesso tempo, ci permette di crescere.

## 2.5 L'intelligenza emotiva nell'età evolutiva

L'intelligenza emotiva non è una competenza che emerge spontaneamente nell'età adulta; le sue radici si trovano profondamente ancorate nelle prime fasi della vita. Le emozioni sono un linguaggio universale, un modo per esprimere gioie, paure, bisogni e desideri molto prima che le parole possano articolare tali sentimenti. Per questo motivo, è essenziale comprendere l'evoluzione dell'intelligenza emotiva fin dalla tenera infanzia.

Nei primi anni di vita, le emozioni si manifestano in modo grezzo e immediato. I bambini piangono quando sono affamati, ridono quando sono felici e mostrano sgomento di fronte a uno scenario sconosciuto. È attraverso queste prime espressioni che essi comunicano con il mondo esterno, affidandosi all'istinto e ai primi segnali di comprensione.

Man mano che i bambini crescono, iniziano a sperimentare una vasta gamma di emozioni più complesse e a riconoscere le stesse emozioni negli altri. L'empatia, seppur in forma rudimentale, comincia a svilupparsi. Un bambino può tentare di confortare un amico che piange o può sentire la frustrazione di un coetaneo che non riesce a risolvere un puzzle.

L'ingresso nella scuola, poi, rappresenta un momento cruciale per lo sviluppo dell'intelligenza emotiva. È in questo contesto che i bambini imparano a negoziare le proprie emozioni in un ambiente più ampio e diversificato, a confrontarsi con la frustrazione, la competizione, l'amicizia e la rivalità. Le lezioni imparate in questo ambiente sono inestimabili e gettano le basi per le competenze emotive future.

Adolescenza, periodo di tempeste emotive e scoperte, offre l'opportunità di affinare ulteriormente l'intelligenza emotiva. Gli adolescenti sperimentano emozioni intense e spesso contraddittorie, cercando il loro posto nel mondo e definendo la propria identità. Questa fase, se supportata da figure adulte empatiche e comprensive, può consolidare l'intelligenza emotiva, rendendola un solido strumento per affrontare le sfide future.

Ma perché è così fondamentale concentrarsi sull'intelligenza emotiva in queste fasi della vita? La risposta risiede nel fatto che le competenze apprese durante l'età evolutiva spesso diventano pietre miliari per la vita adulta. Un bambino che impara a gestire la frustrazione in modo costruttivo avrà maggiori probabilità di diventare un adulto resiliente. Un adolescente che riconosce e rispetta le emozioni degli altri potrà costruire relazioni più sane e soddisfacenti.

In conclusione, l'intelligenza emotiva è come un albero: affonda le sue radici nell'infanzia, cresce e si ramifica nell'adolescenza, per poi dare i suoi frutti nell'età adulta. Nutrire e curare questo albero fin dai primi anni è fondamentale per garantire che cresca forte e sano.

Nel prossimo capitolo (3.1), esploreremo come l'intelligenza emotiva influenzi e interagisca con altre aree del nostro sviluppo, fornendo uno sguardo più ampio sull'importanza di questa competenza in ogni fase della nostra vita.

# Lo sviluppo emotivo dai 0 ai 6 anni

## 3.1 Le fasi di crescita emotiva

Quando ci avventuriamo nel mondo dell'intelligenza emotiva, è essenziale non sottovalutare l'importanza delle fasi di crescita emotiva che attraversiamo nel corso della nostra vita. Queste fasi non sono meramente sequenziali, ma intrecciate in un delicato balletto, dove ogni passo influisce sull'altro, plasmando la coreografia della nostra crescita emotiva.

**Infanzia**: I primi anni di vita sono come un giardino in cui ogni esperienza pianta un seme. L'infanzia è il momento in cui sviluppiamo la fiducia di base nel mondo che ci circonda. È in questo periodo che i bambini imparano a riconoscere e dare un nome alle emozioni primarie: la gioia, la tristezza, la rabbia, la paura. Ogni emozione è un colorato pennellata su una tela bianca, delineando il panorama emotivo che accompagnerà il bambino nel corso della sua vita.

**Età scolare**: Con l'ingresso a scuola, le emozioni diventano più sfaccettate. I bambini iniziano a sperimentare sentimenti di competizione, invidia, orgoglio e vergogna. Le interazioni con i coetanei diventano fondamentali, e con esse emergono le sfide della cooperazione, dell'amicizia e del confronto. Qui, la danza emotiva si complica, diventando un valzer di sentimenti in continua evoluzione.

**Adolescenza**: Questa è spesso descritta come la fase delle "tempeste emotive". Gli adolescenti sperimentano un turbinio di emozioni, spesso amplificate dalla ricerca della propria identità e dal desiderio di indipendenza. L'amore, la passione, la rabbia, l'incertezza e la scoperta di sé sono le melodie che accompagnano questa fase, rendendola un momento cruciale di crescita e introspezione.

**Età adulta**: Man mano che ci si avventura nella vita adulta, le emozioni si fondono con le responsabilità, le aspirazioni e le delusioni. L'amore può trasformarsi in impegno, la passione in dedizione e la rabbia in resilienza. È un periodo in cui molte persone riflettono sulle lezioni apprese nelle fasi precedenti e cercano di trasmetterle alle nuove generazioni.

**Anzianità**: Questa fase, spesso trascurata in termini di crescita emotiva, è invece ricca di riflessioni e saggezza. Gli anziani guardano indietro alla loro danza emotiva, riconoscendo i momenti di grazia e quelli di sfida. È un periodo di accettazione, gratitudine e, in molti casi, di rinnovato apprezzamento per le piccole gioie della vita.

Riflettendo su queste fasi, diventa chiaro che la crescita emotiva non è un percorso lineare, ma un ciclo continuo di apprendimento e adattamento. Ogni fase ha le sue sfide e le sue bellezze, e tutte sono essenziali per plasmare l'individuo che diventiamo.

Le diverse esperienze di vita, compresi i momenti di crisi, possono influenzare e modellare la nostra crescita emotiva, offrendo una prospettiva più profonda sulla resilienza e sulla capacità di adattamento dell'essere umano.

## 3.2 Riconoscere le emozioni nei neonati

Il neonato è un piccolo universo inesplorato, una tela ancora immacolata su cui, con ogni singolo giorno, vengono dipinte sfumature sempre più complesse di emozioni e sensazioni. Anche se non possono esprimersi verbalmente, i neonati comunicano intensamente con il mondo esterno attraverso i loro linguaggi corporei e sonori.

Da quel primo pianto, momento simbolico dell'inizio di una nuova vita, iniziamo a comprendere che ogni espressione, ogni movimento, ogni suono ha un significato profondo. Riconoscere e interpretare correttamente queste sfumature non solo rafforza il legame tra genitore e bambino ma offre anche al neonato una solida base emotiva per i suoi futuri anni di crescita.

**Il primo linguaggio**: Nei primi mesi, il pianto è la modalità principale con cui il neonato comunica. Può significare fame, stanchezza, disagio o semplicemente la necessità di essere coccolato. Con il tempo, i genitori diventano esperti nell'interpretare le varie sfumature del pianto, imparando a rispondere in modo adeguato alle esigenze del piccolo.

**Sorrisi e risate**: Intorno al secondo mese di vita, i neonati iniziano a regalarci i loro primi sorrisi genuini. Questi momenti di gioia, spesso evocati dalla presenza dei genitori o da stimoli esterni, come una melodia o un gioco di luci, rappresentano la nascita della capacità del bambino di esprimere piacere e contentezza.

**Il contatto visivo**: Uno sguardo può dire più di mille parole. Quando un neonato fissa intensamente il volto di un genitore o risponde con uno sguardo luminoso, sta creando un legame emotivo. Questi scambi visivi sono fondamentali per lo sviluppo delle prime connessioni affettive.

**Reazioni corporee**: Agitare le braccia, muovere le gambe o arricciare il nasino possono essere segnali di eccitazione, curiosità o disagio. Osservare attentamente il linguaggio del corpo del neonato permette di anticipare e soddisfare le sue esigenze, costruendo un ambiente di sicurezza e fiducia.

**La crescita delle emozioni**: Con il passare dei mesi, la gamma di emozioni che un neonato è in grado di esprimere diventa sempre più ampia. La sorpresa, la curiosità, la frustrazione e la gioia emergono come piccoli fiori in un prato, segnando tappe fondamentali nel percorso evolutivo del piccolo.

Comprendere e riconoscere le emozioni dei neonati è una delle avventure più affascinanti e sfidanti per ogni genitore. Ma questa comprensione non è solo il frutto di un'osservazione attenta; è anche il risultato di un intenso dialogo emotivo, dove genitore e neonato imparano reciprocamente a conoscersi, a fidarsi e a costruire quel legame unico e indissolubile che li accompagnerà per tutta la vita.

Nel prossimo capitolo, ci addentreremo nel complesso mondo delle emozioni nei primi anni di vita, esplorando come le esperienze vissute in questa fase possano influenzare profondamente la struttura emotiva dell'individuo per gli anni a venire.

## 3.3 Gli anni dell'asilo: tra sfide e meravigliosi momenti di crescita

Ah, gli anni dell'asilo! Quanti ricordi affollano la mente quando pensiamo a quel periodo della nostra vita. Un'epoca segnata dalla transizione dal caldo abbraccio familiare all'esplorazione di un mondo nuovo, popolato da visi sconosciuti, regole da apprendere e dinamiche inedite. Questo passaggio, intriso di emozioni come la curiosità e l'ansia, rappresenta però una straordinaria opportunità di crescita emotiva.

Nell'asilo, il bambino si avventura per la prima volta nel mare delle relazioni sociali, scoprendo l'emozione di nuove amicizie, ma anche il disappunto di occasionali conflitti. Ogni giorno, tra giochi e attività, si imparano preziose lezioni sulla gestione delle emozioni, sul valore dell'empatia e sulla bellezza della collaborazione.

Man mano che i giorni passano, si nota un desiderio crescente di autonomia nei più piccoli. È come se un fuoco interiore spingesse ogni bambino a voler legare le proprie scarpe, a decidere autonomamente quale maglietta indossare o quale gioco scegliere. Queste piccole, apparentemente banali, decisioni giocano un ruolo fondamentale nella costruzione della loro autostima.

In parallelo, si assiste a una magica evoluzione: la nascita dell'identità personale. Ogni feedback, ogni interazione diventa un mattoncino nella costruzione di quella complessa struttura che è il sé. E in questo contesto, non mancano certo le sfide. Ci sono giorni in cui la frustrazione sembra avere la meglio, in cui la delusione fa capolino. Ma, come in ogni buona storia, questi momenti critici sono anche le occasioni perfette per imparare, crescere, diventare più forti e resilienti.

E mentre i bambini navigano in questo viaggio di scoperte ed emozioni, una figura rimane costantemente al loro fianco, offrendo sostegno e comprensione: l'adulto. Educatori e genitori diventano veri e propri faro nella tempesta, guidando i più piccoli con amore e dedizione.

In conclusione, pur essendo un lasso di tempo relativamente breve, gli anni dell'asilo rappresentano una fase cruciale, ricca di lezioni e momenti che influenzeranno l'intero percorso di vita. E mentre ci avviciniamo al prossimo capitolo, vedremo come queste fondamenta gettate durante l'asilo influenzino l'evoluzione successiva dei bambini.

# 3.4 Strumenti per la gestione delle emozioni

Nel viaggio che è la vita, ognuno di noi attraversa mari di emozioni diversi: dalle acque calme della gioia e della serenità alle tempeste tumultuose della rabbia o della tristezza. Così come un marinaio si affida ai suoi strumenti per attraversare l'oceano, anche noi possiamo dotarci di strumenti indispensabili per gestire e comprendere il nostro mare interiore di emozioni.

**Il potere dell'autoconsapevolezza**: La consapevolezza di sé è come avere una bussola a portata di mano. È la capacità di riconoscere e nominare le emozioni che sperimentiamo. Non è solo l'essere consapevoli di sentirsi tristi o felici, ma di comprendere la profondità e la causa di tali emozioni. Potrebbe sembrare un qualcosa di scontato, ma quante volte ci siamo sentiti sopraffatti senza sapere il perché? L'autoconsapevolezza ci aiuta a decifrare questi enigmi interni.

**Respirare come ancora:** In mezzo a una tempesta emotiva, a volte tutto ciò di cui abbiamo bisogno è una pausa. E quale modo migliore per prenderla se non attraverso la respirazione? Il respiro profondo, calmo e controllato può essere un'ancora quando ci sentiamo alla deriva. È un ritorno al presente, un modo per centrarsi e trovare equilibrio.

**La creatività come mappa:** Ogni individuo ha un proprio linguaggio unico per esprimere emozioni. Per alcuni potrebbe essere la danza, per altri la scrittura o la pittura. Queste forme di espressione ci permettono di navigare attraverso il vasto spettro delle emozioni, dando loro uno sbocco e una forma tangibile. La creatività è la mappa che ci guida attraverso le complessità del nostro paesaggio emotivo.

**Comunicare con un timone saldamente in mano:** Esprimere ciò che sentiamo non è sempre facile. Tuttavia, con la giusta pratica e gli strumenti adeguati, possiamo imparare a comunicare le nostre emozioni in modo efficace. La chiave sta nel trovare quel delicato equilibrio tra l'ascolto attivo e l'esprimersi con assertività. È come tenere il timone di una nave, guidando la conversazione in modo che sia costruttiva e significativa.

**E il nostro salvagente:** Riconoscere e rispettare le emozioni degli altri è altrettanto fondamentale quanto comprendere le proprie. L'empatia ci permette di costruire ponti, di collegarci profondamente con gli altri, facendoci sentire meno isolati nelle nostre esperienze.

Questi strumenti, se utilizzati con cura e consapevolezza, possono non solo aiutarci a gestire le emozioni, ma anche a prosperare attraverso di esse. Ma mentre ci sforziamo di comprendere le complessità delle nostre emozioni, è essenziale riconoscere anche l'influenza che gli adulti possono avere nelle vite dei più giovani, soprattutto durante i loro anni formativi. Ecco perché nel prossimo capitolo, 3.5, ci addentreremo nel ruolo fondamentale che gli adulti svolgono nella prima infanzia, guidando e influenzando la crescita emotiva dei bambini.

## 3.5 Ruolo degli adulti nella prima infanzia

L'alba della vita di un bambino è caratterizzata da una serie di prime volte: il primo sorriso, i primi passi, la prima parola. In questo viaggio di scoperta, gli adulti rappresentano i fari luminosi che guidano la loro crescita, sia fisica che emotiva. La prima infanzia è un periodo fondamentale nella formazione dell'individuo, e il ruolo degli adulti in questa fase è essenziale e trasformativo.

Gli adulti, se siano genitori, nonni, insegnanti o altre figure significative, sono come sculture viventi. Con ogni gesto, parola o azione, scolpiscono il futuro del bambino, influenzando profondamente il suo sviluppo. Questo non è un compito da prendere alla leggera, poiché le impressioni fatte in questi anni possono avere effetti duraturi.

I bambini sono degli imitatori nati. Osservano, assimilano e replicano comportamenti e reazioni degli adulti. Un genitore che affronta una situazione stressante con calma e resilienza insegna al bambino a fare lo stesso. Al contrario, un adulto che si abbandona a esplosioni d'ira o frustrazione può involontariamente insegnare al bambino che tali comportamenti sono accettabili. Gli adulti devono essere consapevoli di questo potere modellante e sforzarsi di essere i migliori modelli di comportamenti possibili.

Oltre alla sicurezza fisica, gli adulti devono garantire una sicurezza emotiva e fornire un ambiente sicuro.
Un ambiente in cui il bambino si sente amato, capito e valorizzato nutre la sua autostima e il suo senso di appartenenza. Questa sicurezza emotiva è il fondamento su cui il bambino costruirà le sue relazioni future.

I primi anni sono caratterizzati da una curiosità insaziabile. Gli adulti dovrebbero incoraggiare questa sete di conoscenza, stimolando la curiosità, rispondendo alle domande, presentando nuove idee e offrendo opportunità per l'esplorazione. Questo non solo potenzia le capacità cognitive, ma insegna anche al bambino l'importanza del continuo apprendimento.

Quando un bambino esprime i suoi sentimenti, anche se sembrano banali o irrazionali, è fondamentale che gli adulti lo ascoltino e lo validino. Questo gli insegna che le sue emozioni sono importanti e che ha il diritto di sentirsi come si sente.

La vita è piena di alti e bassi. Invece di proteggere il bambino da ogni piccola delusione, gli adulti possono usarle come opportunità per insegnare la resilienza. Queste lezioni precoci su come affrontare le avversità con coraggio e determinazione saranno inestimabili nel corso della vita del bambino.

In sintesi, gli adulti sono i custodi del tesoro prezioso che è la prima infanzia. Con amore, guida e supporto, possono aiutare a formare individui emotivamente intelligenti e resilienti. Ma mentre ci concentriamo sul ruolo degli adulti, è altrettanto essenziale riconoscere l'importanza dell'interazione tra pari e dell'ambiente sociale nel quale il bambino cresce. Esploreremo come le interazioni sociali influenzano lo sviluppo emotivo e come possono essere sfruttate al meglio per arricchire l'esperienza della prima infanzia.

# Emozioni e scuola: affrontare le sfide dell'età scolare

## 4.1 Il primo giorno di scuola: ansie e aspettative

Il primo giorno di scuola è un momento indimenticabile, sia per i piccoli che si avventurano in un nuovo mondo, sia per gli adulti che li accompagnano. Questo rito di passaggio è intriso di una miriade di emozioni: eccitazione, trepidazione, speranza, paura e aspettativa. Esso segna l'inizio di un viaggio che trasformerà profondamente il bambino, introducendolo in un universo di apprendimento, socializzazione e autonomia.

Quando le piccole mani si stringono all'entrata della scuola, sappiamo che, per molti bambini, è la prima vera separazione dai loro genitori o dalla loro figura di riferimento. Questo distacco, seppur temporaneo, può innescare ansie da separazione. Sentimenti di insicurezza possono affiorare, manifestandosi attraverso lacrime, capricci o chiusure emotive. Ma queste reazioni, pur comprensibili, sono spesso temporanee e fanno parte del processo di adattamento.

Parallelamente, anche gli adulti possono provare un senso di smarrimento. Vedere il proprio figlio avventurarsi in un ambiente nuovo, con nuovi compagni e insegnanti, può causare preoccupazioni: "Si adatterà bene?", "Gli altri bambini saranno gentili con lui?", "Come gestirà le sfide?". Questi interrogativi, ancorati in un amore profondo e in un desiderio di protezione, rivelano quanto sia cruciale per gli adulti gestire le proprie aspettative e ansie.

L'ambiente scolastico, con le sue regole e le sue routine, presenta una serie di sfide per il bambino. Ogni bambino reagisce in modo diverso: alcuni si adattano rapidamente, stringendo nuove amicizie e immergendosi nelle attività, mentre altri possono richiedere più tempo per sentirsi a proprio agio. Qui, la figura dell'insegnante assume un ruolo cruciale, fungendo da ponte tra la familiarità di casa e le nuove esperienze scolastiche.

Ma come possono genitori e caregiver supportare al meglio i loro piccoli in questa transizione fondamentale?

**Preparazione:** Parlare in anticipo del primo giorno di scuola, leggere libri sull'argomento o visitare la scuola prima dell'inizio possono aiutare il bambino a costruirsi un'idea di ciò che lo aspetta, riducendo le incognite.

**Rassicurazione:** Confermare al bambino che, nonostante la separazione, la figura genitoriale tornerà a prenderlo a fine giornata, può placare molte delle sue ansie.

**Comunicazione aperta:** Incoraggiare il bambino a esprimere le sue emozioni, sia positive che negative, offre uno spazio sicuro in cui elaborare le nuove esperienze.

**Collaborazione con gli insegnanti:** Mantenere una comunicazione aperta con gli insegnanti può aiutare a identificare e affrontare eventuali difficoltà in tempo reale.

Il primo giorno di scuola è solo l'inizio di un lungo percorso. È un capitolo fondamentale nella storia di crescita di ogni individuo. E, mentre i bambini si adattano e si evolvono, anche le aspettative degli adulti mutano, spostandosi verso nuovi orizzonti. Nel prossimo punto, 4.2, esploreremo come queste aspettative influenzano il percorso educativo del bambino e come possono essere gestite al meglio per garantire un'esperienza scolastica positiva e costruttiva.

## 4.2 Socializzazione e amicizia

L'ambiente scolastico rappresenta molto più di un luogo dove acquisire competenze accademiche. È una vera e propria arena sociale, dove i bambini sperimentano, spesso per la prima volta, le dinamiche della socializzazione al di fuori del contesto familiare. Attraverso questo viaggio, scoprono il significato e il valore dell'amicizia, imparando a interagire con i coetanei, a comprendere le differenze individuali e a gestire i conflitti.

La scuola diventa un crogiolo di personalità, culture e esperienze diverse. Ogni bambino arriva con un proprio bagaglio emotivo, culturale e sociale. Questa diversità può essere una fonte di grande arricchimento, ma anche una sfida. Molti bambini si trovano a navigare tra la curiosità di conoscere gli altri e la timidezza o l'insicurezza di essere in un ambiente nuovo.

Le amicizie giocano un ruolo centrale in questo scenario. Attraverso queste relazioni, i bambini sviluppano competenze chiave come l'empatia, l'ascolto attivo e la capacità di negoziare e risolvere i conflitti. Un amico può diventare un alleato, un confidente, una fonte di conforto nei momenti difficili, ma anche un compagno di giochi e di scoperte.

Tuttavia, non tutte le relazioni si formano senza ostacoli. La formazione di piccoli gruppi o clique, la gelosia, l'esclusione e, in alcuni casi, il bullismo, sono aspetti con cui molti bambini devono fare i conti. Queste sfide possono generare insicurezze, ma anche offrire opportunità preziose per crescere e maturare.

Per guidare i bambini attraverso il labirinto della socializzazione, gli adulti – insegnanti, genitori e altri caregiver –possono:

**Incoraggiare la comunicazione:** È essenziale creare un ambiente in cui il bambino si senta libero di esprimere le proprie preoccupazioni, gioie e paure. Questo spazio di dialogo aperto può fornire intuizioni preziose sulle dinamiche sociali vissute dal bambino.

**Promuovere l'inclusività:** È importante educare i bambini al rispetto delle diversità, insegnando loro l'importanza di includere tutti e di celebrare le differenze individuali.

**Dotare di strumenti di gestione dei conflitti:** Offrire ai bambini strategie per affrontare i disaccordi e per risolvere i conflitti in modo costruttivo è fondamentale per la loro crescita emotiva e sociale.

**Essere un modello di riferimento:** Gli adulti, con il proprio comportamento, possono mostrare ai bambini come interagire positivamente con gli altri, instaurando relazioni basate sul rispetto reciproco.

In conclusione, la scuola non è solo un luogo di apprendimento accademico, ma anche un luogo dove si impara l'arte delle relazioni umane. Attraverso le esperienze di socializzazione e amicizia, i bambini gettano le fondamenta per diventare individui empatici, consapevoli e responsabili. E come questi legami influenzano la loro crescita complessiva.

# 4.3 Bullismo e resilienza

La parola "bullismo" evoca immediatamente immagini di conflitto, dolore e sofferenza. Si tratta di un problema che, purtroppo, si manifesta in molte scuole e contesti giovanili, ma la sua comprensione e le strategie per affrontarlo possono offrire preziose lezioni sulla resilienza e sulla crescita personale.

Il bullismo non è solo una manifestazione di aggressività diretta; spesso, è il prodotto di complesse dinamiche sociali e personali. Alcuni bulli agiscono spinti da insicurezze personali, cercando di affermare un controllo o una superiorità per mascherare fragilità interiori. Le vittime, d'altra parte, possono essere scelte per una miriade di motivi, inclusi aspetti come l'apparenza, il comportamento, l'origine etnica, o qualsiasi elemento che possa renderle "diverse" o "fuori dal gruppo".

In questo contesto difficile e spesso doloroso, la resilienza emerge come una competenza fondamentale. La resilienza non è semplicemente la capacità di "resistere" al bullismo o di "superarlo", ma piuttosto la capacità di crescere, imparare e uscirne rafforzati. Questa crescita interiore, in molti casi, può trasformare un'esperienza negativa in un trampolino di lancio per uno sviluppo personale profondo.

Ma come si nutre e si sviluppa la resilienza in contesti di bullismo?

Riconoscere il proprio valore intrinseco è fondamentale. Ogni individuo ha diritto al rispetto e alla dignità. L'educazione Auto-consapevolezza e all'auto-stima permette di vedere oltre le parole e le azioni dei bulli, riconoscendo che l'aggressione è spesso una manifestazione delle insicurezze dell'aggressore e non un giudizio reale sul valore della vittima.

Avere qualcuno con cui parlare e da cui ricevere sostegno è essenziale. Che siano amici, familiari, insegnanti o consulenti, queste figure possono fornire conforto, perspettiva e strategie per affrontare la situazione. É importante creare delle reti di supporto.

Imparare a esprimere i propri sentimenti, preoccupazioni e paure è fondamentale. La capacità di comunicare può aiutare a segnalare tempestivamente episodi di bullismo e a cercare aiuto quando necessario.

Sviluppare strategie per gestire lo stress e l'ansia derivanti dal bullismo può contribuire notevolmente alla resilienza. Queste possono includere tecniche di rilassamento, momenti di riflessione personale, attività fisica o espressione artistica.
È importante capire cosa per ognuno di noi può essere una valvola di sfogo, e lo si può capire ascoltandosi.

Infine, la sensibilizzazione e l'istruzione sono strumenti potentissimi. Quando una comunità scolastica è informata sulle dinamiche del bullismo e sull'importanza della resilienza, può agire collettivamente per prevenire episodi di bullismo e supportare chi ne è vittima. Educando e facendo prevenzione attiva,dai primi anni di scuola.

Nonostante , il bullismo,sia una delle esperienze più dure che un giovane possa affrontare, può anche diventare un contesto attraverso il quale apprendere il valore e la forza della resilienza. Nel prossimo capitolo, 4.4, esploreremo come le competenze socio-emotive sviluppate durante l'infanzia e l'adolescenza possano influenzare e arricchire la vita adulta, dimostrando che le lezioni apprese in gioventù risonano profondamente lungo tutto l'arco della vita.

## 4.4 Strategie educative per la scuola

Viviamo in un'epoca in cui l'educazione non si limita alla semplice trasmissione di informazioni. Piuttosto, essa rappresenta una formazione del carattere, uno sviluppo integrale dell'individuo. Le scuole, essendo al centro di questo panorama formativo, hanno il compito non solo di forgiare menti brillanti sul piano accademico, ma anche di formare personalità capaci di empatia, resilienza e prontezza di fronte alle sfide del mondo moderno.

Immagina una scuola dove ogni studente non è solo un numero, ma una personalità unica, con passioni, sfide e modi di apprendere che gli sono propri. Qui, l'approccio "taglia unica" è superato da metodi più flessibili, dove le tecnologie didattiche si intrecciano con percorsi di studio individualizzati e classi invertite, creando un tessuto educativo ricco e variegato.

In questo scenario ideale, quando entri in una classe, percepisci subito un ambiente positivo. Le aule non sono solo spazi fisici, ma luoghi dove regna il rispetto, la collaborazione e l'inclusività. Non si tratta solo di prevenire comportamenti negativi come il bullismo; si tratta di costruire, giorno dopo giorno, una comunità scolastica in cui ogni studente si sente valorizzato.

E poi, c'è l'intelligenza emotiva, un filo conduttore che corre attraverso il curriculum. Le lezioni non si limitano a formule matematiche o date storiche, ma si intrecciano con attività che fomentano l'empatia, la gestione delle emozioni e la comunicazione. L'apprendimento non è più passivo, ma attivo e collaborativo, dove gli studenti diventano protagonisti del proprio percorso formativo, sviluppando abilità essenziali per la vita.

Gli insegnanti, in questa visione, sono molto più che semplici dispensatori di lezioni. Sono guide, mentori e facilitatori, in continua formazione e aggiornamento, sempre alla ricerca delle migliori metodologie e risorse per arricchire la loro didattica.

Ma non dimentichiamo un altro elemento chiave: i genitori. La scuola, infatti, non è un'isola. Collaborare strettamente con le famiglie permette di costruire un legame solido tra l'istruzione impartita in classe e quella vissuta a casa, creando un'esperienza educativa condivisa.

E come misuriamo il successo in tutto questo? Oltre ai test e alle valutazioni tradizionali, si dovrebbero considerare molteplici aspetti dell'individuo, valutando sia competenze accademiche sia abilità socio-emotive.

Mentre ci prepariamo a esplorare ulteriori sfaccettature dell'educazione nel prossimo capitolo, è essenziale riconoscere che la scuola gioca un ruolo fondamentale nel plasmare il futuro. Con le giuste strategie, possiamo assicurarci che ogni studente emerga non solo come un brillante accademico, ma anche come un individuo completo e ben arrotondato.

## 4.5 Il ruolo degli insegnanti e dei genitori

Se la scuola è il teatro dell'apprendimento e dello sviluppo personale di ogni studente, gli insegnanti e i genitori ne sono gli attori principali, coloro che detengono un potere trasformativo nella vita dei giovani. Entrambi, seppur in modi diversi, gettano le fondamenta per un futuro prospero, ricco di conoscenza, empatia e resilienza.

Gli insegnanti, protagonisti quotidiani delle aule, sono molto più di figure accademiche. Sono mentori, guide, punti di riferimento. Ogni lezione che propongono va oltre il mero contenuto disciplinare; è una lezione di vita, una finestra su un mondo in continuo cambiamento che lo studente è chiamato a decifrare. L'insegnante moderno è colui che non solo impartisce nozioni, ma insegna a pensare, a interrogarsi, a mettersi in gioco.

Nel contempo, i genitori rappresentano il primo e più influente punto di contatto con la realtà per ogni bambino. Attraverso le loro azioni, parole e comportamenti, i genitori tracciano le prime linee di ciò che sarà il disegno complesso della personalità dei loro figli. Mentre gli insegnanti possono offrire una struttura e una guida accademica, i genitori offrono un modello di ruolo quotidiano, un esempio tangibile di come affrontare le sfide, gestire le emozioni e interagire con gli altri.

E in questo dialogo continuo tra scuola e casa, emerge una collaborazione fondamentale. L'insegnante e il genitore non sono due entità separate, ma due pilastri di un unico edificio, che devono sostenersi reciprocamente per garantire che l'edificio stia in piedi. Quando entrambi lavorano in sintonia, valorizzando i loro ruoli unici ma complementari, si crea un ambiente di crescita sostenibile e salutare per lo studente.

Questa collaborazione prende forma in molti modi: riunioni parentali, giornate open-day, progetti condivisi tra scuola e famiglia, e la sempre preziosa comunicazione giornaliera. È attraverso questi momenti di condivisione che nasce una comprensione reciproca, un'opportunità per gli insegnanti di comprendere meglio gli sfondi e le sfide di ogni studente e per i genitori di avere una visione chiara degli obiettivi e delle aspettative scolastiche.

Tuttavia, la vera magia si verifica quando entrambe le parti riconoscono e rispettano l'importanza del ruolo dell'altro. Quando un insegnante vede un genitore non solo come un tutore, ma come un partner nella formazione del bambino. Quando un genitore riconosce l'impegno e la passione dell'insegnante, offrendo sostegno e comprensione.

Mentre ci avviciniamo al prossimo capitolo, è fondamentale riflettere su come ogni adulto, sia esso un insegnante o un genitore, possiede una chiave unica per sbloccare il potenziale di ogni studente. Con la giusta attenzione, cura e collaborazione, possiamo assicurarci che ogni giovane emerga come una figura completa, pronta a affrontare le sfide di un mondo in costante evoluzione. E, come vedremo, queste fondamenta giocheranno un ruolo cruciale nel modo in cui gli studenti affronteranno le nuove sfide dell'adolescenza e dell'età adulta

# La preadolescenza e l'emergere delle nuove emozioni

## 5.1 I cambiamenti fisici ed emotivi

L'adolescenza è una fase di transizione, una metamorfosi che segna il passaggio dall'infanzia all'età adulta. Questo periodo della vita è costellato da una serie di cambiamenti fisici ed emotivi che, spesso, possono creare turbolenza e disorientamento. Tuttavia, è anche un periodo ricco di scoperte, crescita e formazione del sé.

Fisicamente, l'adolescenza è guidata da una serie di trasformazioni ormonali. Questi cambiamenti manifestano segnali evidenti: aumento di altezza, sviluppo della massa muscolare, cambiamenti nella voce, e lo sviluppo di caratteristiche sessuali secondarie. Per molti, è come se il proprio corpo diventasse improvvisamente un territorio sconosciuto, un luogo in cui si svolgono trasformazioni continue e spesso imprevedibili. E mentre per alcuni questi cambiamenti possono essere motivo di orgoglio, per altri possono diventare fonte di insicurezza e di disagio.

Parallelamente ai cambiamenti fisici, l'adolescente sperimenta profonde evoluzioni emotive. Si cominciano a formare nuovi legami, spesso molto intensi, con coetanei. Questi legami possono diventare ancor più significativi dei rapporti familiari, diventando la principale fonte di sostegno e comprensione. L'adolescente comincia a definire la propria identità, a porsi domande esistenziali e a cercare un senso del proprio posto nel mondo. Questa ricerca può portare a momenti di introspezione, ma anche a fasi di ribellione, dove l'individuo mette alla prova i propri limiti e quelli del mondo circostante.

Gli interessi e le passioni si fanno più definiti: la musica, l'arte, lo sport, o qualsiasi altra attività, possono diventare ancore fondamentali di identità e appartenenza. Questi interessi non solo offrono una via di fuga dalle pressioni quotidiane, ma aiutano anche a costruire un senso di identità e a stabilire connessioni significative con gli altri.

Tuttavia, come in ogni fase di crescita, ci sono delle sfide. Le pressioni sociali, le aspettative dei genitori, le pressioni accademiche e la ricerca della propria identità possono portare a momenti di ansia e incertezza. È un periodo in cui il confronto con gli altri può diventare fonte di stress, e la paura del giudizio può dominare molte decisioni.

Ma è essenziale ricordare che l'adolescenza non è solo un periodo di sfide, ma anche di opportunità. È il momento in cui si gettano le basi per il futuro, in cui si sperimentano, si commettono errori e si impara da essi. È un periodo di crescita esponenziale, sia fisica che emotiva, che prepara il terreno per l'adulto che si sta formando.

Mentre ci avviciniamo al punto 5.2, rifletteremo su come affrontare e gestire questi cambiamenti, sugli strumenti a disposizione degli adolescenti e su come gli adulti possono sostenere al meglio questo delicato passaggio. La comprensione e l'accompagnamento durante questa fase cruciale della vita possono fare la differenza nel determinare la traiettoria futura di ogni individuo.

## 5.2 L'importanza dell'ascolto attivo

In un mondo in cui siamo costantemente bombardati da informazioni, stimoli e distrazioni, l'arte dell'ascolto attivo emerge come una competenza fondamentale, specialmente durante l'adolescenza. Questa fase della vita, densa di cambiamenti e sfide, richiede una particolare sensibilità e comprensione da parte degli adulti che circondano l'adolescente.

L'ascolto attivo va ben oltre l'udire le parole che vengono pronunciate. Si tratta di essere presenti in modo completo e autentico, sintonizzandosi sulle emozioni, sui sentimenti non espressi, sulle sfumature presenti nel tono della voce o nella postura del corpo. È una forma di empatia in azione, un dono che possiamo offrire, in particolare, ai giovani in cerca di guida e sostegno.

Per gli adolescenti, sentirsi ascoltati può fare la differenza tra un sentimento di isolamento e la sensazione di essere compresi e sostenuti. Questa connessione genuina può fornire loro la sicurezza di cui hanno bisogno per esplorare il mondo con fiducia, per sperimentare, commettere errori e imparare da essi.

Ma, come si pratica l'ascolto attivo? Innanzitutto, si tratta di dedicare tempo e attenzione. Significa mettere da parte il telefono, spegnere le distrazioni e guardare l'interlocutore negli occhi. Significa, anche, ascoltare senza giudicare e senza interrompere con consigli non richiesti. Spesso, ciò di cui gli adolescenti hanno bisogno non è una soluzione ai loro problemi, ma semplicemente un orecchio attento e un cuore aperto.

L'ascolto attivo implica anche porre domande aperte, quelle che incoraggiano la riflessione e permettono all'adolescente di esplorare i propri pensieri ed emozioni. E, forse più importante, richiede pazienza. La pazienza di aspettare che trovino le parole giuste, di rispettare i silenzi e di dare loro lo spazio per esprimersi.

In questa fase cruciale della vita, gli adolescenti stanno formando la propria identità, ponendosi domande profonde e cercando risposte. Gli adulti possono svolgere un ruolo fondamentale nel fornire un ambiente sicuro e solidale in cui questi giovani possono sentirsi liberi di esplorare, condividere e crescere.

L'ascolto attivo non solo rafforza la connessione tra adulti e adolescenti, ma offre anche ai giovani strumenti preziosi per le relazioni interpersonali. Imparando l'importanza dell'ascolto e della comunicazione empatica, sono meglio equipaggiati per affrontare le sfide della vita, dalle relazioni ai conflitti, dalla carriera alla vita familiare.

In conclusione, l'ascolto attivo è un'abilità indispensabile, una pratica che va coltivata e valorizzata. Nel prossimo punto,, esploreremo come questi principi di ascolto e comprensione possono essere integrati nella vita quotidiana, nella scuola e nella comunità, creando un tessuto sociale più solido e comprensivo per gli adolescenti in crescita.

## 5.3 Autostima e confronto con gli altri nella complessità dell'adolescenza

L'adolescenza è un periodo turbolento, fatto di scoperte e sfide. Uno dei principali viaggi intrapresi durante questi anni riguarda la ricerca della propria identità, una ricerca profonda che coinvolge riflessioni su chi siamo veramente e su quale sia il nostro posto nel mondo. Immersi in questo mare di domande, emergono due fari guida che illuminano e, talvolta, disorientano: l'autostima e il confronto con gli altri.

L'autostima non è solo una semplice considerazione di sé. È l'abbraccio delle nostre imperfezioni, l'orgoglio per i nostri successi, la fiducia nelle nostre capacità e, soprattutto, il riconoscimento del nostro valore unico nel grande teatro della vita. Ma questa consapevolezza, questa certezza interiore, non sorge spontanea. Si alimenta e si modella attraverso le esperienze, gli incontri, i successi e i fallimenti, e inevitabilmente, attraverso il continuo e spesso silenzioso confronto con gli altri.

Ah, il confronto! Quante volte ci ha spinto a superare i nostri limiti, ispirandoci con l'esempio di qualcuno! Ma quante altre volte ci ha schiacciato, facendoci sentire inadeguati, fuori posto, diversi in un modo che sembrava sbagliato? L'era digitale, con l'avvento dei social media, ha amplificato questo confronto a volumi assordanti. Ora, gli adolescenti guardano non solo al compagno di banco o al vicino di casa, ma a una vasta scena globale, spesso filtrata attraverso lenti che rendono tutto più brillante e perfetto.

È qui che gli adulti, figure di riferimento nella vita di un adolescente, hanno il delicato compito di bilanciare la bilancia. Non si tratta di isolare i giovani dal mondo esterno o di proteggerli dalle dure realtà della vita, ma di aiutarli a navigare in queste acque con una bussola affidabile: una solida autostima. È essenziale mostrare loro che ogni individuo, con le sue peculiarità, passioni e talenti, è un universo in sé, irripetibile e prezioso.

E poi, c'è il mondo dei media. Non si può negare la loro presenza, ma si può imparare a interagire con essi in modo consapevole, riconoscendo ciò che è autentico da ciò che è costruito. Gli adolescenti devono anche apprendere l'importanza delle relazioni vere, quelle che vanno oltre i like e i commenti, basate sulla fiducia e sul rispetto reciproco.

Infine, è fondamentale comprendere che l'errore, il fallimento, sono tappe del viaggio, non deviazioni. Sono momenti che, se affrontati con la giusta mentalità, possono diventare potenti lezioni di vita.

Mentre ci avviciniamo al prossimo capitolo, esploreremo come queste dinamiche interne influenzino le decisioni degli adolescenti, plasmando il loro futuro.

# 5.4 Emozioni e digitalizzazione: il mondo online

Il sorgere della digitalizzazione ha avuto un impatto pervasivo sulla società, modellando e trasformando il modo in cui viviamo, lavoriamo e interagiamo. Ma forse uno degli effetti più profondi lo possiamo osservare nella sfera emotiva, in particolare quando si tratta di adolescenti. I nativi digitali, come sono spesso etichettati, hanno un'interazione con la tecnologia che è tanto integrata quanto complessa. Ma come le emozioni si intrecciano con il vasto mondo online?

Alla base di ogni click, condivisione o post, c'è un desiderio umano: quello di connettersi, di esprimersi, di trovare riconoscimento o, talvolta, di cercare conforto. Il mondo digitale offre opportunità illimitate in questo senso, permettendo agli adolescenti di trovare comunità con cui identificarsi, di esplorare nuove identità e di avere una voce in un mondo che spesso sembra dominato dagli adulti. Ma con grandi opportunità vengono anche grandi sfide.

Le piattaforme social, con le loro luci scintillanti e promesse di popolarità, hanno anche un lato oscuro. La continua esposizione a vite "perfette", storie filtrate e successi apparentemente facili può distortare la percezione della realtà. Gli adolescenti possono iniziare a misurare il loro valore attraverso likes e followers, dando luogo a sentimenti di inadeguatezza, gelosia o isolamento.

La velocità e l'immediatezza del mondo online possono anche intensificare le emozioni. Una critica o un commento negativo può generare rapidamente un vortice di ansia e tristezza. D'altro canto, i complimenti e i like possono dare un'effimera, ma potente, sensazione di euforia.

Ma c'è anche un altro aspetto da considerare: la capacità delle nuove tecnologie di amplificare la voce degli adolescenti. Molti giovani hanno usato i canali digitali per promuovere cause sociali, sensibilizzare su temi importanti e fare la differenza nelle loro comunità. Questo potere di agire e di influenzare è qualcosa che le generazioni precedenti potevano solo sognare.

Gli adulti hanno la responsabilità di guidare gli adolescenti attraverso questa rete intricata. Insegnare loro la digital literacy, ovvero come leggere e interpretare correttamente le informazioni online, è fondamentale. Ma anche instillare in loro la consapevolezza che la propria autostima non dovrebbe dipendere dall'approvazione online. E, forse il più importante, incoraggiarli a fare pause digitali, a riconnettersi con il mondo fisico e con le persone in carne e ossa.

In un'era in cui la tecnologia permea ogni aspetto della nostra vita, è essenziale trovare un equilibrio. Il mondo online ha molto da offrire, ma è anche un territorio in cui è facile perdersi. Mentre procediamo, esamineremo come gli adolescenti possono trarre il meglio da entrambi i mondi, online e offline, e come gli adulti possono supportarli in questo delicato percorso.

## 5.5 Strumenti per una transizione equilibrata

L'adolescenza è un periodo di tempesta, un vortice di emozioni, cambiamenti e scoperte. Nell'era digitale, questi anni diventano ancor più complessi e sfidanti, con le sue luci acceanti e le sue ombre profonde. Tuttavia, equipaggiando i giovani con le giuste risorse, possiamo aiutarli a navigare in queste acque turbolente con più sicurezza e consapevolezza.

La chiave sta nella profonda comprensione di sé. È essenziale che gli adolescenti imparino a riconoscere, accettare e gestire le proprie emozioni. Questo viaggio interiore li porta a una maturità che andrà a beneficiarli per tutta la vita. Ma oltre a questo, devono anche saper guardare al di fuori, interpretando il mondo che li circonda con occhi critici e attenti. La digitalizzazione ha portato informazioni a portata di click, ma ha anche introdotto il rischio delle fake news. Quindi, l'alfabetizzazione digitale non è solo una questione di "come", ma anche di "perché" e "quale".

E poi c'è la natura, il nostro antidoto alla sovraccarica sensoriale della vita moderna. Trovare rifugio nel verde, respirare a pieni polmoni e sentire la terra sotto i piedi può riequilibrare e rigenerare. La natura diventa così un'ancora, un punto fermo in un mondo in continua evoluzione.

La comunicazione efficace va oltre le parole. Implica l'ascolto, la comprensione, la pazienza. È l'arte di costruire ponti, non muri, con gli altri. E in un periodo come l'adolescenza, dove tutto sembra amplificato, saper comunicare diventa vitale.

Ancora, la pratica della mindfulness e dell'autocura non è solo una moda del momento. Sono strumenti potenti che aiutano a centrarsi, a trovare un equilibrio interiore in mezzo al caos esterno. Meditazione, gratitudine, respirazione profonda: sono piccoli gesti che fanno la differenza.

Infine, nessuno dovrebbe affrontare questi anni da solo. Il sostegno sociale, che provenga dalla famiglia, dagli amici o da figure professionali, è cruciale. Sentirsi parte di qualcosa, sapere di avere una rete su cui contare, dà forza e coraggio.

Gli adolescenti di oggi, armati con questi strumenti, non solo affronteranno le sfide che li attendono, ma saranno anche pronti a cogliere le innumerevoli opportunità. Con questo spirito, ci avvicineremo al prossimo capitolo, entrando in una nuova fase della vita.

# l ruolo della famiglia nell'educazione emotiva

## 6.1. La famiglia come primo nucleo sociale

Nell'immensa tela della società, la famiglia rappresenta quel primo squarcio di colore, quel primo tratto che definisce e delinea il nostro rapporto con il mondo. Essa non è solo un insieme di legami di sangue o un mero coabitare sotto lo stesso tetto; è l'incarnazione di un sistema di valori, di abitudini, di esperienze condivise che fanno da fondamento all'edificio delle nostre vite.

Dal momento della nascita, ci troviamo immersi in questo microcosmo familiare. Qui impariamo le prime nozioni di amore, fiducia, sicurezza, ma anche di conflitto, negoziazione e resilienza. Prima di qualsiasi altra interazione sociale, è in seno alla famiglia che sperimentiamo le gioie e le sfide dei rapporti umani. Ogni gesto, ogni parola, ogni silenzio in questo nucleo diventa una lezione, un modello da replicare o da rifiutare nel mondo esterno.

La famiglia è il nostro primo specchio. Riflette chi siamo, da dove veniamo e, spesso, indica la direzione in cui potremmo andare. Nella tenerezza di una madre, nella fermezza di un padre, nelle piccole dispute con i fratelli o nelle risate condivise con i nonni, prendiamo forma come individui. Ma, come ogni specchio, può anche mostrare riflessi distorti, amplificando paure, insicurezze o aspettative.

Nel contesto contemporaneo, la struttura e la dinamica familiare hanno subito trasformazioni notevoli. Dalle famiglie allargate dei tempi passati alle famiglie nucleari, monoparentali, adottive, o quelle ricomposte, la definizione di "famiglia" si è evoluta e differenziata. Nonostante queste molteplici forme, il nucleo familiare rimane un pilastro fondamentale nella formazione dell'individuo, fungendo da bussola nei momenti di smarrimento.

Ecco perché è cruciale riconoscere e valorizzare il ruolo della famiglia nella società. Offrire sostegno ai genitori, promuovere la coesione familiare e garantire un ambiente sicuro e amorevole per i bambini dovrebbe essere una priorità. Quando una famiglia è solida, è più probabile che i suoi membri siano individui equilibrati e positivi per la comunità.

Allo stesso tempo, è importante non idealizzare eccessivamente la famiglia. Alcune persone potrebbero non trovare sostegno o amore nel loro nucleo familiare e potrebbero cercare questi legami altrove. La società dovrebbe essere pronta ad accogliere e sostenere anche queste persone, garantendo loro le risorse e la guida necessarie per trovare o creare la loro "famiglia".

Mentre ci avviamo verso il prossimo argomento, riflettiamo su come la famiglia, questo nucleo primario, influenzi e modelli ogni successiva interazione sociale. Dal piccolo cerchio familiare, ci estendiamo in cerchi sempre più ampi, esplorando come le esperienze iniziali influenzino le nostre relazioni nel mondo più vasto. Con questo, ci prepariamo a esaminare più da vicino e come la famiglia si intrecci con il tessuto più ampio della società.

## 6.2. Modelli di comportamento e trasmissione emotiva

Se la famiglia è il primo specchio in cui ci guardiamo, è anche il primo palcoscenico su cui agiamo, sperimentando e imparando modelli di comportamento. È una danza di emozioni, gesti e parole che vengono trasmessi da una generazione all'altra, spesso in modi sottili e talvolta inconsci.

Ogni famiglia, con le sue storie e tradizioni, ha una serie di modelli comportamentali che vengono, in un certo senso, "ereditati". Il modo in cui i genitori gestiscono lo stress, esprimono amore o affrontano i conflitti diventa un manuale non scritto che i figli consultano, consapevolmente o meno. Queste prime lezioni, imparate a casa, influenzano poi le interazioni in ogni successiva sfera della vita, dalla scuola al luogo di lavoro, dalle amicizie alle relazioni sentimentali.

La trasmissione emotiva, un fenomeno strettamente collegato ai modelli comportamentali, riguarda la capacità di condividere e trasferire emozioni tra individui. In una famiglia, quando un membro è triste, felice o ansioso, questi sentimenti possono "contagiare" gli altri, creando un'atmosfera che tutti percepiscono e condividono. Questo non significa che siamo semplici spugne emotive, ma piuttosto che, attraverso l'empatia e la vicinanza, possiamo risuonare con le emozioni altrui.

È affascinante notare come queste dinamiche si ripercuotano nel tempo. Prendete, ad esempio, una nonna che ha vissuto tempi difficili e ha sviluppato una resilienza notevole. Questa forza potrebbe essere ammirata e quindi emulata dalla figlia, che a sua volta potrebbe trasmettere la stessa tenacia al proprio figlio. Allo stesso modo, paure o insicurezze possono passare attraverso le generazioni, se non vengono riconosciute e affrontate.

Questi flussi emotivi e comportamentali tra i membri della famiglia non sono immutabili. La consapevolezza è un potente strumento di cambiamento. Quando riconosciamo certi schemi, possiamo decidere di mantenerli, modificarli o romperli. La terapia familiare, ad esempio, può aiutare a identificare e lavorare su modelli disfunzionali, creando un ambiente più armonioso e sano.

E mentre esploriamo la complessità dei legami familiari, dobbiamo anche considerare l'importanza del contesto culturale e sociale. Diverse culture possono avere modelli di comportamento diversi, e ciò che in una società può essere visto come normale o accettabile, in un'altra potrebbe non esserlo.

Riconoscere e rispettare questi modelli comportamentali e la trasmissione emotiva è fondamentale per comprendere non solo la nostra famiglia, ma anche noi stessi. La magia sta nel fatto che, una volta acquisita questa consapevolezza, abbiamo la libertà di scegliere come influenzare e essere influenzati dalle persone che ci circondano.

Con queste riflessioni in mente, procediamo alla prossima sezione, dove esamineremo più approfonditamente l'importanza della comunicazione e dell'interazione in famiglia.

# 6.3. La coesione familiare e la gestione dei conflitti

In ogni famiglia, c'è una complessa rete di legami emotivi che tessono insieme le singole identità in un mosaico vivente. Questa trama di relazioni è ciò che definiamo coesione familiare. La forza di queste connessioni può variare, ma è indubbio che siano fondamentali per la stabilità emotiva e psicologica di ciascuno dei suoi membri.

La coesione non implica necessariamente un'assenza di conflitti. Infatti, sarebbe ingenuo pensare che le famiglie possano esistere senza alcun tipo di disaccordo o tensione. La vera misura della coesione familiare non è l'assenza di conflitti, ma piuttosto la capacità di gestirli in modo costruttivo.

I conflitti, quando affrontati correttamente, possono addirittura rafforzare i legami familiari. Ad esempio, un disaccordo tra fratelli può offrire l'opportunità di sviluppare abilità come l'ascolto attivo, l'empatia e la negoziazione. Allo stesso modo, quando i genitori si scontrano con i figli su questioni come le regole domestiche, questi momenti possono diventare opportunità di apprendimento e crescita reciproca.

Tuttavia, è essenziale che vi siano strumenti e strategie per gestire tali conflitti. La comunicazione aperta è la chiave. Ciò significa non solo parlare, ma anche ascoltare, cercando di comprendere il punto di vista dell'altro senza giudicare. Richiede pazienza e, spesso, la capacità di mettere da parte il proprio ego per il bene della famiglia.

Le tecniche di risoluzione dei conflitti, come la mediazione o la terapia familiare, possono offrire una guida preziosa. Queste tecniche incoraggiano la riflessione su ciò che realmente sta alla base dei disaccordi, aiutando a identificare le cause profonde e a trovare soluzioni sostenibili. È importante anche ricordare che non ogni conflitto richiede una soluzione immediata; a volte, dare spazio e tempo può essere il modo migliore per permettere a tutti di riflettere e calmarsi.

Un altro aspetto della coesione familiare è la creazione di momenti condivisi. Celebrare le tradizioni familiari, passare del tempo insieme e condividere esperienze positive può fare miracoli per rafforzare i legami. Questi momenti diventano ricordi preziosi che servono come collante emotivo, in particolare durante i periodi di tensione o stress.

E, naturalmente, l'amore è il cuore pulsante di ogni famiglia coesa. Non si tratta solo di un sentimento, ma di un'azione continua. Mostrare affetto, offrire sostegno e dimostrare apprezzamento sono tutte manifestazioni tangibili dell'amore che nutre la coesione familiare.

Concludendo, la coesione familiare e la gestione dei conflitti sono due facce della stessa medaglia. Entrambe richiedono impegno, comprensione e dedizione per creare un ambiente in cui ciascun membro si senta valorizzato e ascoltato. Come vedremo nella prossima sezione, la struttura della famiglia può avere molteplici forme, ma al centro di ogni struttura c'è sempre la ricerca di connessione, comprensione e amore.

## 6.4. Fratelli e sorelle: rivalità e complicità

Nel tessuto intricato delle relazioni familiari, i legami tra fratelli e sorelle occupano uno spazio particolarmente significativo. Queste relazioni combinano momenti di rivalità acuta con momenti di profonda complicità, formando un legame unico che spesso persiste per tutta la vita.

Fin dalla più tenera infanzia, i fratelli rappresentano il primo confronto con l'altro da sé, il primo campo di battaglia e il primo rifugio. In quel piccolo universo che è la casa familiare, le dinamiche tra fratelli e sorelle possono assomigliare a un laboratorio vivente delle relazioni umane, offrendo lezioni inestimabili su come gestire conflitti, invidie, gelosie, ma anche come coltivare amicizia, lealtà e amore incondizionato.

La rivalità tra fratelli è una dinamica comune e naturale. Può nascere dalla percezione di una distribuzione ineguale dell'attenzione dei genitori, dalla competizione per risorse condivise come giocattoli o spazio, o semplicemente dalla differenza di carattere e temperamento. Questa rivalità può manifestarsi in litigi, screzi e in alcuni casi, in lunghe fasi di ostilità. Tuttavia, è anche un'opportunità per imparare l'importanza della condivisione, della pazienza e dell'empatia.

D'altra parte, la complicità che spesso si sviluppa tra fratelli e sorelle è altrettanto intensa. Si manifesta in quei momenti in cui si condividono segreti, in cui si ride insieme di un aneddoto interno alla famiglia che solo loro possono comprendere, o in cui si offre sostegno reciproco nei momenti di difficoltà. Questa complicità è il tesoro nascosto della fraternità, un legame che spesso si rafforza con il tempo, superando le sfide e i disaccordi dell'infanzia e dell'adolescenza.

I genitori hanno un ruolo cruciale nel modulare queste dinamiche. Evitando favoritismi, ascoltando le preoccupazioni di ciascun figlio e promuovendo attività condivise, possono aiutare a ridurre la tensione e a rafforzare il legame tra fratelli. È essenziale, tuttavia, riconoscere che ogni relazione fratellare è unica e che la rivalità e la complicità possono coesistere in modi sorprendentemente variati.

Mentre avanziamo nel percorso della vita, i ruoli tra fratelli possono evolversi e cambiare. Ad esempio, una sorella maggiore che un tempo era protettiva potrebbe in seguito cercare il sostegno del fratello minore. Una rivalità infuocata in gioventù potrebbe trasformarsi in una forte alleanza in età adulta. Queste trasformazioni sono una testimonianza della profondità e della complessità del legame fratellare.

Concludendo, le dinamiche tra fratelli e sorelle sono come una danza complessa di luci e ombre. Sono un mix di sfide e gioie, di conflitti e riconciliazioni. Ma alla base di tutto, c'è un legame che, anche se messo alla prova, raramente si spezza del tutto. Questo legame pone le basi per molte delle interazioni sociali che affrontiamo nel corso della vita, preparandoci in modi che spesso non riconosciamo fino a quando non ci guardiamo indietro. E come vedremo nel prossimo punto, le dinamiche familiari continuano ad evolversi e a plasmare chi siamo, a ogni tappa del nostro percorso.

## 6.5. Strumenti per una comunicazione familiare efficace

Il nucleo familiare, con le sue complesse dinamiche e le sue sfaccettate relazioni, è spesso un microcosmo di emozioni, aspirazioni e sfide. Tuttavia, al centro di questo vortice c'è un elemento chiave che può fare la differenza tra armonia e discordia: la comunicazione. Una comunicazione efficace all'interno della famiglia non solo aiuta a risolvere i conflitti, ma anche a costruire legami più profondi e a promuovere un ambiente di sostegno e comprensione.

In primo luogo, è essenziale comprendere che la comunicazione non riguarda solo le parole pronunciate. Si tratta di un insieme di gesti, toni, espressioni facciali e linguaggio corporeo. Prestare attenzione a questi aspetti può offrire una comprensione più profonda delle emozioni e delle intenzioni dietro ogni interazione.

Un altro pilastro della comunicazione familiare efficace è l'ascolto attivo. Si tratta di dare piena attenzione al parlante, evitando distrazioni, formulando domande per chiarire e riflettendo sui sentimenti espressi. L'ascolto attivo trasmette empatia e mostra che ci si preoccupa sinceramente del benessere dell'altro.

La chiarezza è anch'essa cruciale. Spesso, i malintesi nascono da messaggi vaghi o da aspettative non espresse. Prendersi il tempo per esprimersi chiaramente, definendo i propri sentimenti e aspettative, può prevenire molti conflitti.

Ovviamente, non tutte le conversazioni saranno facili. Ci saranno momenti in cui la tensione cresce e gli animi si surriscaldano. In questi casi, può essere utile adottare la tecnica del "timeout". Questo non significa evitare la discussione, ma piuttosto prendersi una pausa per raccogliere i propri pensieri e calmare le emozioni, per poi tornare alla conversazione con una mentalità più aperta e rilassata.

Inoltre, l'affermazione di sé, espressa in modo costruttivo, è un altro strumento essenziale. Questo implica esprimere i propri sentimenti, bisogni e desideri in modo chiaro e rispettoso, senza attaccare o incolpare gli altri. Questa abilità aiuta a costruire una comunicazione equilibrata e reciprocamente rispettosa.

La comunicazione efficace, però, non è solo una questione di risolvere i conflitti. Può anche servire a rafforzare i legami familiari. Prendersi del tempo regolarmente per condividere momenti piacevoli, celebrare le vittorie di ciascun membro e sostenersi a vicenda nelle sfide, contribuisce a creare un ambiente in cui tutti si sentono apprezzati e compresi.

Infine, è importante riconoscere che ogni famiglia è unica. Ciò che funziona per una famiglia potrebbe non funzionare per un'altra. Pertanto, è essenziale essere flessibili e aperti a nuovi approcci, adattando le strategie di comunicazione alle esigenze specifiche del proprio nucleo familiare.

Concludendo, la comunicazione efficace è il collante che tiene insieme la struttura familiare. Essa promuove la comprensione, l'armonia e la collaborazione, permettendo ai membri della famiglia di crescere e prosperare insieme. E mentre ci avviciniamo al prossimo capitolo, esploreremo come le dinamiche familiari influenzano e sono influenzate dall'ambiente esterno, ampliando ulteriormente la nostra comprensione delle relazioni interpersonali.

# Il potere del gioco nell'apprendimento emotivo

## 7.1 Perché giocare è essenziale

Giocare, un'attività che molti considerano esclusiva dell'infanzia, possiede in realtà una profonda risonanza nel corso di tutta la nostra vita. Non è solo un modo per trascorrere il tempo o un'attività divertente, ma rappresenta un mezzo essenziale attraverso il quale gli individui di tutte le età apprendono, sperimentano e crescono.

Il gioco inizia nelle prime fasi della vita, ancor prima che i bambini possano articolare parole. Attraverso il gioco, i bambini iniziano a scoprire il mondo che li circonda: imparano a comprendere cause ed effetti, sviluppano capacità motorie e sperimentano la gioia della scoperta. Ad esempio, un bambino che gioca con blocchi di legno non sta solo costruendo una torre; sta anche sperimentando concetti come l'equilibrio, la gravità e la sequenza.

Ma non è solo una questione di acquisire abilità fisiche. Il gioco svolge un ruolo fondamentale anche nello sviluppo cognitivo e socio-emotivo. Quando i bambini giocano, imparano a risolvere problemi, a sviluppare il pensiero critico e a collaborare con gli altri. Ogni volta che un bambino immagina di essere un astronauta, un medico o un esploratore, sta costruendo una narrativa, arricchendo il proprio vocabolario e sviluppando la capacità di vedere il mondo da prospettive diverse.

A livello socio-emotivo, giocare permette ai bambini di esplorare sentimenti e emozioni in un ambiente sicuro. Quando due bambini litigano su chi dovrebbe andare per primo sull'altalena, stanno imparando importanti lezioni sulla condivisione, l'empatia e la negoziazione. Inoltre, il gioco aiuta a sviluppare la resilienza: ogni volta che un bambino perde a un gioco da tavolo o affronta sfide in un gioco all'aperto, ha l'opportunità di apprendere il valore della perseveranza e dell'adattamento.

Con il passare del tempo, il modo in cui le persone giocano può cambiare, ma l'importanza del gioco rimane. Gli adolescenti e gli adulti possono non trascorrere pomeriggi a immaginare mondi fantastici, ma continuano a giocare attraverso videogiochi, sport, hobby creativi e altre attività. Queste esperienze offrono momenti di pausa dalla routine quotidiana, rafforzano legami sociali e forniscono opportunità per l'autoespressione e l'apprendimento continuo.

Infine, è essenziale riconoscere che giocare ha un valore intrinseco, ovvero la gioia pura e semplice che esso apporta. In un mondo sempre più frenetico e orientato agli obiettivi, prendersi il tempo per giocare, ridere e godere del momento presente è fondamentale per il benessere mentale ed emotivo.

Con questi pensieri sul potere trasformativo e vitale del gioco, è naturale domandarsi come possiamo approfondire ulteriormente le sue sfaccettature. Questo ci porta al punto, in cui esploreremo come i giochi di ruolo, in particolare, aiutino nello sviluppo dell'empatia, fornendo un ponte tra l'immaginazione e la realtà, e creando un ambiente in cui la comprensione reciproca può fiorire.

## 7.2 Giochi di ruolo e empatia

Se pensiamo ai momenti in cui, da bambini, ci travestivamo da medici, cavalieri, astronauti o principesse, possiamo cogliere l'essenza dei giochi di ruolo: quell'arte sublime di calarsi in un personaggio e vivere la realtà da una prospettiva differente. Queste semplici rappresentazioni ludiche non sono solo un'innocente forma di divertimento, ma rappresentano un terreno fertile per lo sviluppo dell'empatia e della comprensione reciproca.

Il gioco di ruolo, al suo nucleo, invita a "calzare le scarpe di un altro". Che si tratti di interpretare il ruolo di un personaggio in un gioco da tavolo, in una rappresentazione teatrale o nel gioco simbolico dei bambini, l'individuo è costantemente sfidato a pensare, sentire e agire come il personaggio che sta interpretando. Questo sposta la prospettiva del giocatore, costringendolo a vedere il mondo attraverso occhi diversi dai suoi.

Un bambino che gioca a fare la mamma o il papà, ad esempio, sta cercando di comprendere il mondo degli adulti. Senza rendersene conto, sta assimilando responsabilità, sperimentando come si sente ad avere cura di qualcun altro (anche se si tratta solo di una bambola o di un orsacchiotto) e cercando di replicare le azioni e le parole che ha osservato nei genitori. Questa simulazione gli permette di acquisire una comprensione più profonda e un'apprezzamento maggiore per i ruoli degli adulti nella sua vita.

Gli adolescenti e gli adulti, attraverso giochi di ruolo più strutturati come i giochi di ruolo da tavolo (RPG) o il teatro, possono esplorare tematiche complesse e confrontarsi con situazioni morali e etiche complicate. L'immersione in un personaggio offre una sorta di "zona sicura", dove le emozioni possono essere sperimentate e comprese senza le reali conseguenze del mondo esterno. È un esercizio potente che permette ai partecipanti di sviluppare empatia, intelligenza emotiva e capacità decisionali.

Un ulteriore livello di complessità è offerto dalla necessità di interagire con altri partecipanti nel gioco. Ogni individuo porta nel gioco la propria interpretazione, il proprio background e le proprie emozioni. La combinazione di questi fattori crea una dinamica unica, in cui la comprensione, la comunicazione e la negoziazione diventano fondamentali. Imparare a vedere le cose dalla prospettiva di un altro, sentirne le emozioni e comprendere i suoi motivi, è la quintessenza dell'empatia.

La bellezza dei giochi di ruolo risiede anche nella loro capacità di trattare temi universali, come l'amore, la perdita, l'eroismo e la paura, in un contesto sicuro e guidato. Attraverso questi giochi, i giocatori possono confrontarsi con emozioni e situazioni difficili, sviluppando allo stesso tempo la resilienza, l'autocomprensione e, ovviamente, l'empatia.

Concludendo, i giochi di ruolo sono ben più che un semplice divertimento. Sono uno strumento potente per promuovere la crescita personale e lo sviluppo dell'empatia, preparando il terreno per interazioni sociali più profonde e significative. E come vedremo nel prossimo capitolo, dedicato allo sport e alla gestione della frustrazione, ogni forma di gioco ha il potere di insegnarci preziose lezioni sulla vita e sulle relazioni umane.


## 7.3 Sport e gestione della frustrazione

Nella cornice dei giochi e delle attività che influenzano il nostro sviluppo emotivo e sociale, lo sport emerge come uno degli strumenti più potenti. Si tratti di calcio, nuoto, atletica o qualsiasi altra disciplina, l'approccio allo sport, con le sue vittorie e sconfitte, ci insegna a gestire la frustrazione e a trasformarla in un motore di crescita.

Chiunque abbia praticato uno sport sa che non tutto va sempre come previsto. Ci sono giorni in cui sembra che nulla funzioni: i passaggi nel calcio non arrivano a destinazione, le nuotate sono più lente del solito, le tecniche di judo sembrano scivolare via. Questi momenti di apparente fallimento sono, in realtà, opportunità mascherate. Essi offrono l'occasione per sviluppare resilienza, determinazione e, soprattutto, per imparare a gestire la frustrazione.

La frustrazione nello sport non è solo inevitabile, ma è anche necessaria. È il segnale che ci indica dove concentrare i nostri sforzi, quali abilità affinare, e ci spinge a superare i nostri limiti. Tuttavia, affrontare questa emozione non è sempre semplice, specialmente quando la si sperimenta in età giovanile. Ma è proprio in quegli anni che la gestione della frustrazione può diventare una lezione di vita imprescindibile.

Un allenatore attento e preparato sa che la sua missione non si limita a insegnare tecniche sportive. Ha il compito di guidare i suoi atleti nella gestione delle emozioni, mostrando loro come trasformare la delusione in determinazione. Ad esempio, dopo una sconfitta, anziché concentrarsi sul risultato negativo, l'allenatore può indirizzare l'attenzione della squadra su ciò che può essere migliorato, trasformando il momento di abbattimento in un'opportunità di crescita.

Anche i compagni di squadra giocano un ruolo fondamentale in questo processo. La solidarietà, l'incoraggiamento reciproco e la capacità di sostenersi a vicenda nei momenti difficili creano un ambiente in cui la frustrazione può essere vissuta come una sfida condivisa, piuttosto che come un peso individuale. La coesione del gruppo diventa, così, un potente antidoto alla delusione.

Ma cosa accade quando la frustrazione non viene gestita correttamente? Può trasformarsi in rabbia, demotivazione o, nel peggiore dei casi, allontanare l'individuo dallo sport. Ecco perché è fondamentale instillare, sin da piccoli, l'idea che la frustrazione non è un nemico da combattere, ma una guida. È una bussola che indica dove siamo ora e in quale direzione dobbiamo muoverci per progredire.

La pratica sportiva, con il suo continuo alternarsi di successi e sconfitte, prepara all'instabilità della vita, insegnando che ogni caduta può essere l'anticamera di una risalita, e che dietro ogni sconfitta si nasconde una lezione. E, come vedremo nel prossimo capitolo, queste lezioni sono fondamentali non solo nello sport, ma in ogni ambito della nostra esistenza.

# 7.4. L'importanza del gioco libero

Il gioco rappresenta per i bambini una delle attività primarie attraverso cui sperimentano, apprendono e si sviluppano. Ma nel vasto universo ludico, il gioco libero occupa un posto di rilievo. Contrapposto a forme di gioco strutturato e diretto, il gioco libero consente ai bambini di esprimersi senza vincoli, guidati unicamente dalla loro curiosità e immaginazione.

Immaginate un prato aperto, con bambini che corrono in ogni direzione: alcuni costruiscono mondi fantastici con pochi bastoni e pietre, altri interpretano ruoli in storie nate al momento, e altri ancora osservano le formiche in marcia e immaginano di essere parte di quel minuscolo e affascinante universo. Questa libertà di espressione è essenziale per la loro crescita psicologica ed emotiva.

Il gioco libero è un catalizzatore per la creatività. Senza istruzioni predefinite o obiettivi specifici, i bambini apprendono l'arte dell'innovazione, creando regole, storie e mondi a partire da zero. Questa libertà nutre la capacità di pensiero laterale, incoraggiando i piccoli a vedere le possibilità infinite in ogni situazione.

Allo stesso tempo, nel gioco libero emergono competenze sociali fondamentali. I bambini imparano a negoziare, cooperare e risolvere i conflitti. Se due bambini vogliono il medesimo bastone per le loro avventure, dovranno trovare un compromesso. Questi piccoli momenti sono lezioni preziose su come interagire con gli altri e vivere in una società dove la condivisione e la comprensione sono essenziali.

Dal punto di vista emotivo, il gioco libero è un'occasione per affrontare e gestire paure, frustrazioni e gioie. Un bambino che immagina di essere un supereroe affronta mostri e avversità, esplorando, in un contesto sicuro, emozioni come la paura e l'ansia, ma anche la soddisfazione della vittoria e il piacere dell'avventura.

È interessante notare come, in un'era dominata dalla tecnologia e dai giochi digitali, il gioco libero conservi un'importanza inestimabile. Mentre i giochi elettronici possono offrire vantaggi cognitivi, nulla può sostituire la ricchezza di esperienza che deriva dall'interazione diretta con il mondo reale, dove i sensi sono costantemente stimolati in modo autentico e dove l'apprendimento avviene in modo organico.

Naturalmente, il gioco libero non esclude la guida o l'intervento degli adulti. Anzi, genitori e educatori possono arricchire l'esperienza offrendo strumenti, materiali o idee iniziali. La chiave sta nell'equilibrio, nel permettere ai bambini di prendere l'iniziativa, garantendo al contempo un ambiente sicuro e stimolante in cui esprimersi.

Come vedremo nel prossimo capitolo, i benefici del gioco libero sono un tesoro che ci accompagnerà nella vita adulta, influenzando il modo in cui affrontiamo le sfide, interagiamo con gli altri e vediamo il mondo che ci circonda. E mentre i bambini giocano e ridono, costruiscono, in realtà, le fondamenta di una vita equilibrata e consapevole.

# 7.5 Giochi e attività per esplorare le emozioni

Nel contesto ludico, le emozioni trovano uno spazio privilegiato di espressione e comprensione. I giochi e le attività diventano strumenti potenti attraverso i quali i bambini possono esplorare il vasto mondo delle loro sensazioni, imparando a riconoscerle, gestirle e comunicarle.

La teatroterapia: la maschera delle emozioni. Una delle attività più incisive per sondare le emozioni è la teatroterapia. I bambini vengono invitati a scegliere o creare maschere che rappresentino una determinata emozione. Una volta indossate, questi piccoli attori esprimono, attraverso gesti e parole, ciò che sentono. Questa attività non solo rafforza la capacità di riconoscere e nominare le emozioni, ma offre anche un modo sicuro e distaccato per esplorarle.

La cassetta delle emozioni. Questo gioco richiede una scatola e delle carte colorate. Su ogni carta, i bambini possono disegnare un'emozione o scrivere una parola che la rappresenti. A turno, ciascuno pesca una carta e racconta un episodio in cui ha provato quella specifica emozione. Condividere in un contesto di gruppo permette ai piccoli di capire che le emozioni sono universali e che tutti, in momenti diversi, le provano.

Il gioco dello specchio. Due bambini si siedono uno di fronte all'altro e uno di loro esprime un'emozione attraverso il volto e il corpo. L'altro deve riflettere, come in uno specchio, la stessa emozione. È un'attività eccellente per sviluppare l'empatia e la capacità di riconoscere le emozioni negli altri.

Il meteo interiore. Una grande lavagna rappresenta il cielo e ogni bambino, a turno, può posizionarvi il simbolo meteorologico che meglio rappresenta il suo stato d'animo del giorno: sole, nuvole, pioggia, tempesta. Questo gioco non solo aiuta a riconoscere le proprie emozioni, ma offre anche l'opportunità di accettare che le emozioni cambiano, proprio come il tempo.

Il gioco della sabbia. Grazie a una semplice cassetta di sabbia e a piccoli oggetti, i bambini possono creare scenari e raccontare storie. Attraverso la narrazione, emergono emozioni e sentimenti che possono essere discussi e compresi insieme, permettendo una profonda riflessione su situazioni vissute o immaginate.

Queste attività rappresentano solo una piccola parte delle infinite possibilità che il gioco offre per esplorare le emozioni. Quando si tratta di sentimenti, il gioco diventa un ponte, un linguaggio universale che ogni bambino parla con maestria.

La chiave è creare un ambiente in cui i bambini si sentano liberi di esprimersi, dove le emozioni non sono giudicate, ma accolte e comprese. E mentre queste attività si svolgono, poniamo le basi per individui emotivamente intelligenti, pronti ad affrontare con consapevolezza e sensibilità le sfide della vita.

Proseguendo nel nostro viaggio, nel prossimo capitolo approfondiremo come le emozioni e le attività ludiche influenzano la crescita e lo sviluppo dei bambini, ponendo particolare attenzione al ruolo degli adulti nel facilitare questi processi.

# Emozioni e creatività: l'espressione di sé

## 8.1 L'arte come veicolo emotivo

Quando ci fermiamo ad osservare un'opera d'arte, ciò che vediamo non è semplicemente una combinazione di colori, forme o note, ma un riflesso dell'anima dell'artista. L'arte, con la sua magica capacità di trascendere le barriere linguistiche e culturali, rappresenta uno dei modi più autentici attraverso cui esprimiamo e comprendiamo le emozioni umane. Questa universale connessione con l'arte ha le sue radici nell'infanzia, dove i bambini, ancor prima di saper parlare, disegnano, danzano e creano.

Immaginate un bambino di fronte a un foglio bianco. Quel foglio diventa il suo mondo, uno spazio in cui riversa gioie, sogni, paure e curiosità. Ogni tratto, ogni sfumatura di colore, diventa un messaggio, una parte di un diario silenzioso che parla di lui e della sua percezione del mondo. E non è raro vedere educatori e psicologi utilizzare il disegno come finestra sul mondo interno del bambino, per comprenderlo e guidarlo.

Ma l'arte non si esprime solo su carta. La musica, ad esempio, ha il dono di toccare le corde più profonde dell'anima. Una melodia può evocare ricordi, calmare l'ansia, suscitare gioia o tristezza. Per un bambino, una canzone può diventare un amico fidato, un rifugio in cui trovare conforto o semplicemente un mezzo per esprimere la propria vitalità, ballando liberamente.

Anche il movimento, attraverso la danza, diventa un linguaggio in sé. Attraverso la danza, i bambini possono raccontare storie, manifestare le proprie emozioni e relazionarsi con il mondo che li circonda. Il corpo si trasforma in un instrumento di espressione, che parla quando le parole sono insufficienti.

E poi ci sono le mani, capaci di modellare l'argilla, costruire con ciò che si trova, trasformando materiali semplici in opere d'arte. Questa manipolazione materiale permette ai bambini di rendere tangibili le proprie emozioni, di vederle, sentirle e, in un certo senso, di controllarle.

Valorizzare l'arte nella vita dei bambini significa offrire loro una chiave preziosa per esplorare e comprendere il vasto universo delle emozioni. Gli educatori e i genitori sono chiamati a riconoscere questa potente risorsa, incoraggiando ogni forma di espressione artistica. L'arte non dovrebbe mai essere vista solo come un passatempo, ma come un fondamentale percorso di crescita emotiva e relazionale.

Man mano che ci avviciniamo al prossimo capitolo, vedremo come l'arte si intrecci con altri aspetti della crescita personale, diventando un catalizzatore non solo per l'apprendimento emotivo, ma anche per quello cognitivo.

## 8.2 Musica e movimento: sentire e esprimere

Sotto l'ombra di un albero, la natura ha la sua propria melodia. Il soffio del vento, il canto degli uccelli, il fruscio delle foglie, il rumore delle onde del mare che si infrangono sugli scogli; c'è una sinfonia che si svolge ogni giorno, ovunque. Analogamente, la vita stessa ha la sua musica e ognuno di noi, a modo suo, balla al suo ritmo.

La musica è, senza dubbio, uno degli strumenti più potenti a disposizione dell'essere umano per connettersi con il proprio mondo interno e con l'universo circostante. Fin dalla notte dei tempi, essa è stata un pilastro delle culture, fungendo da mezzo per raccontare storie, esprimere sentimenti e celebrare momenti significativi.

I bambini, con la loro innata capacità di ascoltare e sentire, sono particolarmente recettivi ai doni offerti dalla musica. Essa agisce come una chiave che apre porte sconosciute, permettendo loro di esplorare emozioni e stati d'animo a volte difficili da verbalizzare. Attraverso una melodia, un bambino può ritrovare un senso di calma dopo una giornata stressante o può trovare l'energia per affrontare una nuova avventura.

Parallelamente alla musica, il movimento rappresenta un altro veicolo fondamentale attraverso cui i bambini esplorano e si esprimono. Prima ancora di imparare a parlare, il bambino già "danza". Il movimento spontaneo, il desiderio di esplorare l'ambiente circostante, di toccare, saltare, correre, sono tutte manifestazioni di questa danza primordiale che racconta di scoperta, curiosità e gioia.

Quando musica e movimento si fondono, nasce qualcosa di magico. Pensiamo alla danza, un'arte che incarna perfettamente questa sintesi. Attraverso la danza, i bambini non solo sviluppano abilità motorie e coordinative, ma anche apprendono il valore del lavoro di squadra, della disciplina e, soprattutto, della liberazione emotiva.

È essenziale, dunque, incoraggiare i bambini ad avvicinarsi alla musica e al movimento in modo giocoso e non giudicante. L'obiettivo non dovrebbe essere quello di creare piccoli virtuosi o ballerini professionisti, ma piuttosto di fornire loro gli strumenti per sintonizzarsi con se stessi e con il mondo. Ecco perché spazi come le aule di musica e danza, ma anche i parchi giochi o la semplice natura, diventano altari di espressione e comprensione.

Gli adulti, sia che siano genitori, educatori o semplici spettatori, hanno il compito di sostenere e nutrire questa espressione. Creare un ambiente in cui i bambini si sentano liberi di esplorare la vastità delle proprie emozioni attraverso la musica e il movimento, significa regalare loro una bussola per navigare nel tumultuoso mare della crescita.

Mentre procediamo con la nostra esplorazione, sarà interessante vedere come questi concetti possano integrarsi con altre forme d'arte e strumenti educativi, e come la fusione di tutti questi elementi possa fornire una via completa per lo sviluppo emotivo e sociale dei bambini. Ma per ora, concentriamoci su come la musica e il movimento, insieme, creino un linguaggio universale che parla al cuore di ogni essere umano.

## 8.3. Scrittura e narrazione: dare voce ai sentimenti

Nell'intricato labirinto dei sentimenti, spesso si cerca una via d'uscita, un modo per comprenderli e affrontarli. E tra i sentieri più luminosi di questo labirinto, troviamo la scrittura e la narrazione, strumenti che permettono di dare forma, colore e voce a ciò che altrimenti rimarrebbe inespresso.

Da tempi immemorabili, l'umanità ha usato la narrazione come mezzo per spiegare l'incomprensibile, celebrare la bellezza della vita o elaborare le sue sfide. Anche prima che la scrittura diventasse uno strumento comune, le storie venivano tramandate oralmente, consolidando legami comunitari e passando saggezza di generazione in generazione.

Nel contesto della crescita individuale, la scrittura si rivela uno strumento di inestimabile valore. Fin dalla tenera età, quando i bambini cominciano a tracciare le prime lettere su un foglio, si avventurano in un viaggio di autoesplorazione. Questi piccoli segni su carta sono il loro primo tentativo di comunicare con il mondo esterno, di dire: "Ecco chi sono. Ecco cosa sento."

Man mano che crescono, la scrittura si trasforma. Diventa diario segreto, poesia sussurrata al vento, racconto immaginato prima di addormentarsi. Attraverso la narrazione, i giovani possono esplorare mondi fantastici, immaginare realtà alternative o semplicemente riflettere sulla loro giornata. Questo processo li aiuta a costruire un'identità, a sviluppare empatia e a trovare senso in un mondo complesso.

Il potere terapeutico della scrittura non può essere sottovalutato. Quando le parole fluiscono liberamente, senza giudizio o censura, diventano catalizzatori di guarigione. Trasformando pensieri e sentimenti in parole, si crea un ponte tra il mondo interno e quello esterno, rendendo il caos un po' più gestibile. La scrittura, in questo senso, può essere vista come un dialogo continuo tra l'individuo e il suo ambiente, un modo per trovare equilibrio e armonia.

Incoraggiare i bambini e gli adolescenti a scrivere e narrare non significa soltanto stimolare la loro creatività, ma anche fornire loro un rifugio sicuro in cui possono esprimersi liberamente. Gli adulti possono giocare un ruolo fondamentale in questo processo: ascoltando senza giudicare, offrendo stimoli e spunti, o semplicemente fornendo carta e penna al momento giusto.

Mentre ci avviciniamo agli altri aspetti dell'esplorazione emotiva, è cruciale comprendere come ogni forma d'arte e ogni mezzo di espressione si intrecci con gli altri. La scrittura, come la musica o la danza, è un filo d'oro in un tessuto multicolore di esperienze. E come ogni filo, ha la sua unicità, la sua vibrante tonalità.

Nel prossimo capitolo, continueremo il nostro viaggio nell'arte come veicolo emotivo, esplorando ulteriori sfaccettature e tecniche. Ma per ora, fermiamoci un momento.

Prendi in mano una penna, un taccuino, e scrivi.

Ascolta la tua voce interiore e lasciala fluire, poiché in quel flusso potresti trovare risposte, rivelazioni o semplicemente un po' di pace.

## 8.4. Arti visive e interpretazione delle emozioni

Nel vasto panorama dell'espressione umana, le arti visive si distinguono come uno strumento potente e primitivo per comunicare emozioni, sensazioni e pensieri. Da sempre, l'uomo ha usato i colori, le forme e i simboli per raccontare storie, per esprimere la propria interiorità, per lasciare un segno del suo passaggio nel mondo. Dalle primitive pitture rupestri alle complesse installazioni contemporanee, l'arte visiva ha il potere di catturare l'attenzione, di suscitare reazioni viscerali e di spingere all'introspezione.

Consideriamo, ad esempio, come un semplice quadro possa trasportarci in un altro mondo, evocare memorie dimenticate o provocare intense reazioni emotive. Le tonalità calde possono suscitare sentimenti di gioia, conforto o passione, mentre le tonalità fredde possono evocare calma, tristezza o solitudine. Ogni pennellata, ogni sfumatura di colore, ogni forma è una decisione dell'artista, un pezzo del suo mondo interiore trasposto sulla tela.

Per i bambini e gli adolescenti, immergersi nelle arti visive può diventare una sorta di viaggio esplorativo all'interno del proprio universo emotivo. Disegnare, colorare, modellare, creare possono diventare modalità non solo per esplorare la propria creatività, ma anche per affrontare e gestire emozioni difficili o complesse. A volte, quando le parole mancano o sono insufficienti, un disegno può diventare un canale privilegiato di comunicazione, permettendo di esprimere ciò che è difficile verbalizzare.

Gli educatori e i genitori possono sfruttare questa capacità intrinseca dell'arte visiva, incoraggiando i più giovani a esplorare e a riflettere sulle proprie emozioni attraverso attività artistiche. Non si tratta necessariamente di creare capolavori, ma di dare spazio e voce al proprio mondo interiore. L'arte, in questo senso, diventa un veicolo per l'auto-esplorazione, un modo per riconoscere, nominare e accettare le proprie emozioni.

E non solo: osservare e analizzare opere d'arte può diventare un'opportunità per sviluppare l'empatia e la comprensione verso gli altri. Ogni opera, infatti, racchiude in sé un pezzo dell'anima dell'artista, delle sue esperienze, dei suoi sentimenti. Cercare di comprendere il messaggio di un'opera, di immergersi nella visione dell'artista, permette di sviluppare quella capacità di "mettersi nei panni dell'altro" che è alla base dell'empatia.

In conclusione, le arti visive rappresentano un ponte privilegiato tra il mondo interiore e quello esteriore, tra l'io e gli altri. Sia che si tratti di creare o di osservare, l'arte offre infinite possibilità di connessione, comprensione e crescita emotiva. E, in un mondo sempre più frenetico e digitale, regalarsi il tempo di fermarsi davanti a un'opera, di lasciarsi trasportare dai colori e dalle forme, può diventare un prezioso momento di pausa, di riflessione e di riconnessione con se stessi.

Mentre ci avviciniamo al prossimo punto, continueremo a esplorare come le diverse forme d'arte possano essere strumenti per navigare nel vasto oceano delle emozioni umane, guidando sia l'artista che l'osservatore in un viaggio di scoperta e comprensione profonda.

## 8.5. Promuovere la creatività emotiva nei bambini

La creatività è una delle qualità umane più affascinanti e dinamiche. Essa rappresenta non solo la capacità di inventare e di innovare, ma anche quella di esplorare, comprendere e comunicare le proprie emozioni. Quando si parla di bambini, promuovere la loro creatività emotiva significa guidarli in un percorso di scoperta di sé, del mondo e delle innumerevoli sfumature del sentire.

Da quando sono piccoli, i bambini mostrano una naturale inclinazione verso la creatività: giocano, immaginano, disegnano storie con le loro manine curiose. Tuttavia, in un mondo in cui l'efficienza e la produttività sono spesso valutate al di sopra di tutto, il rischio è che questa spontaneità venga soffocata. Ecco perché è essenziale intervenire e promuovere attivamente la creatività emotiva fin dai primi anni di vita.
Per stimolare la creatività, i bambini hanno bisogno di spazi, sia fisici che mentali, dove possano esprimersi liberamente. Un angolo di casa dedicato all'arte, una stanza dove possono sporcarsi e sperimentare con colori e materiali, può fare la differenza. Allo stesso tempo, è fondamentale che abbiano anche il tempo e la libertà mentale di "annoiarsi", perché è proprio nell'ozio che spesso nascono le idee più creative.

Colori, pennelli, carta, argilla, strumenti musicali, tessuti. Offrire una varietà di materiali aiuta i bambini a scoprire e a sperimentare diverse forme d'espressione. Questo non significa dover acquistare costosi kit artistici, ma semplicemente permettere ai bambini di avere accesso a risorse diverse. Ogni tipo di materiale può offrire il giusto stimolo.

Quando un bambino mostra orgogliosamente un disegno o racconta una storia inventata, è essenziale ascoltarlo con interesse genuino. Questo rafforza la sua autostima e lo incoraggia a continuare ad esplorare e a esprimere le sue emozioni. Lasciarsi trasportare e coinvolgere nelle storie che ci racconta, fa bene a loro quando a noi, ci aiuta a ricordare che anche noi abbiamo bisogno di leggerezza in una vita piena di responsabilità è frenesia.

La creatività non dovrebbe essere limitata da giudizi o aspettative. Se un bambino decide di dipingere il cielo di rosso o di disegnare una casa volante, va bene così. L'obiettivo non è produrre "opere d'arte", ma permettere al bambino di esplorare e comunicare liberamente, accogliendolo senza giudizio.

Il viaggio creativo è spesso più significativo del prodotto finale. Chiedere ai bambini di parlare del loro processo creativo, delle scelte fatte, delle emozioni provate mentre creavano, può offrire spunti interessanti e preziosi. E' importante valutare il processo e non il risultato.

La creatività non deve essere relegata solo a momenti specifici. Anche attività quotidiane come cucinare, fare il bagno o andare a fare una passeggiata possono diventare opportunità per stimolare l'immaginazione e l'espressione emotiva. E' importante collegare piccoli momenti quotidiani, rendendoli creativi e fantasiosi, anche preparare una torta può diventare un momento di leggerezza e divertimento,e andare a fare la spesa può trasformarsi in un avventura fantastica!

A volte, attraverso la creatività, emergono emozioni complesse o problematiche. In questi casi, è fondamentale fornire ai bambini il supporto e gli strumenti necessari per gestirle e comprenderle. Un supporto emotivo specializzato nella gestione, e che sappia come approcciarsi e aiutare.

Concludendo, promuovere la creatività emotiva nei bambini non è solo una questione di estetica o di sviluppo delle capacità artistiche. È un percorso che può aiutarli a comprendere meglio se stessi, e a prepararsi a vivere in un mondo complesso e sfaccettato.

# Gestire le emozioni difficili: paure, tristezza, rabbia

## 9.1. Riconoscere le emozioni difficili

In un mondo in rapido movimento e spesso stressante, tutti, adulti e bambini, si trovano a confrontarsi con una vasta gamma di emozioni. Alcune di queste emozioni sono piacevoli e accoglienti, come la gioia o l'euforia. Altre, invece, sono più difficili da affrontare e possono sembrare opprimenti o destabilizzanti, come la tristezza, la rabbia, la paura o il senso di isolamento. Il riconoscimento di queste emozioni "difficili" è il primo passo fondamentale per gestirle in modo efficace.

Riconoscere un'emozione non significa solo darle un nome. Significa anche comprendere la sua origine, accettarla e scoprire come essa influisce sul nostro comportamento e sulle nostre decisioni. Ecco alcune considerazioni e strategie per riconoscere e affrontare le emozioni difficili.

**Autoconsapevolezza emotiva**: È la capacità di riconoscere i propri sentimenti e, grazie a questo, di saperli gestire prima che prendano il sopravvento. Il primo passo è riconoscere le emozioni, solo quando sapremo dare un nome a quello che proviamo potremo iniziare a lavorarci.
Sviluppare un'acuta consapevolezza di se stessi, richiede pratica e introspezione, l'abilità di fermarsi un momento e analizzare ciò che si sente, di lavorare sulla nostra autoconsapevolezza emotiva e per affrontarla meglio.
Non sarà quindi il sentimento ad avere le redini della situazione, ma noi che riconoscendolo sapremo imparare a controllarlo.

**Legittimazione**: Tutte le emozioni, indipendentemente da quanto possano sembrare negative o scomode, sono legittime.

Vi sono sette emozioni primarie, universali, esse sono: gioia, sorpresa, tristezza, rabbia, disgusto, paura, disprezzo.

Tutte le altre emozioni sono definite secondarie, ma non c'è "giusto" o "sbagliato" quando si tratta di come ci sentiamo, dobbiamo accoglierle, anche se tendiamo a sopprimere specie quelle spiacevoli come la rabbia. È essenziale comprendere che è naturale provare un'ampia gamma di emozioni, che tramite esse diamo libero sfogo al nostro mondo interiore e che ognuna di esse ha un valore e un significato.

**Identificazione delle cause**: Spesso, riconoscere ciò che ha scatenato un'emozione può aiutare a gestirla. Può trattarsi di un evento specifico, di un accumulo di stress o di una combinazione di fattori. Comprendere la causa può fornire una prospettiva e suggerire soluzioni o modi per affrontare l'emozione in questione.

Il riconoscimento non è sempre automatico, per alcuni richiede tempo, altri hanno bisogno di una guida, che sia professionale o familiare.

**Espressione sicura**: Una volta riconosciuta un'emozione, è vitale trovare modi sani per esprimerla. Questo potrebbe significare parlarne con un amico di fiducia, scrivere in un diario, praticare un'attività fisica o impegnarsi in un'arte creativa.L'espressione della nostra emotività richiederà tempo, ma possiamo aiutare le nuove generazioni a renderlo più semplice con un semplice esercizio "L'io".

Quando proviamo gioia è semplice dire " Io sono davvero felice!", e questo aiuta a esprimere al massimo l'emozione vissuta, allo stesso modo quando siamo feriti o arrabbiati dovremmo reagire all'esternazione:

"Io mi sento ferito da ciò che mi hai detto" " Io sono molto arrabbiato per quello che hai fatto."

Quando veniamo feriti o delusi solitamente le reazioni sono: il silenzio o l'esplosione di rabbia.

Insegnare a esprimere il come ci si sente può essere un grande aiuto per sviluppare le nostre emozioni, esprimerle tramite l'Io, e rendere emotivamente consapevoli anche le persone che ci circondano.

**Ricerca di supporto**: Non siamo soli nelle nostre emozioni, anche se a volte può sembrare così. Cercare il supporto di amici, familiari o professionisti può offrire una prospettiva esterna, consigli pratici o semplicemente un orecchio attento. Parlare alle volte è tutto ciò di cui si necessita, esprimere ad alta voce porta a un nuovo livello di consapevolezza.

**Approccio olistico**: Le emozioni sono legate al corpo, alla mente e allo spirito. Pertanto, l'adozione di un approccio olistico può aiutare. Ciò potrebbe includere tecniche come il respiro consapevole, l'esercizio fisico, una dieta equilibrata e un sonno adeguato. Piccoli gesti, o grandi abitudini possono davvero aiitarci a trovare un sano equilibrio emptivo.

Concludendo, riconoscere le emozioni difficili non è un compito semplice, ma è un viaggio essenziale per chiunque desideri vivere una vita piena e autentica. Questa consapevolezza ci permette di affrontare sfide con resilienza e di costruire relazioni più profonde con noi stessi e con gli altri.

Proseguendo con il nostro percorso, nel prossimo capitolo, esploreremo le strategie specifiche e gli strumenti che possono essere utilizzati per gestire e trasformare queste emozioni difficili in fonti di crescita e apprendimento.

## 9.2. Accogliere e validare i sentimenti del bambino

Quando si parla di emozioni e bambini, entriamo in un territorio ricco di sfumature, di piccoli gesti e di grandi significati. Ogni bambino, immerso nel suo universo emotivo, vive quotidianamente una moltitudine di sentimenti, molti dei quali ancora senza nome nella sua piccola mente. Ecco dove entra in gioco la magia dell'adulto.

Mentre ci sediamo accanto a loro, ascoltando racconti di giornate passate all'asilo o storie di piccole avventure nel cortile, nasce l'opportunità di comprensione profonda. Non è tanto ciò che dicono, ma il mondo emotivo dietro ogni parola, ogni pausa e ogni sguardo. È un'arte saper ascoltare: andare oltre le parole, perdersi nei loro occhi, riconoscere una pausa carica di significato. E in quel momento, validare i loro sentimenti diventa una forma d'amore.

A volte, nel tentativo di proteggerli, potremmo sentire l'impulso di minimizzare le loro paure o delusioni, dicendo "Non è un grosso problema" o "Non c'è motivo di piangere". Tuttavia, in quegli attimi, ciò di cui hanno realmente bisogno è che qualcuno riconosca la grandezza delle loro emozioni, proprio come le sentono.

In questo viaggio di crescita congiunta, possiamo offrir loro strumenti preziosi per navigare il vasto mare delle emozioni. Dalla calma trovata in una respirazione profonda, al conforto di una melodia suonata al pianoforte, ogni strumento ha il potere di plasmare il loro modo di affrontare il mondo.

Ma non dimentichiamo che, prima di tutto, è il nostro comportamento a servire da bussola. Essi ci osservano, notando come affrontiamo le tempeste emotive e come accogliamo le giornate di serenità. E attraverso queste osservazioni silenziose, imparano.

E mentre condividiamo momenti tranquilli, magari sorseggiando una cioccolata calda o passeggiando nel parco, emergono occasioni d'oro per discutere, riflettere e crescere insieme. Le emozioni diventano così storie da raccontare, tesori da scoprire.

In questo intricato balletto tra accoglienza e comprensione, poniamo le fondamenta per un futuro in cui il bambino, divenuto adulto, saprà accogliere, ascoltare e amare, grazie ai semi che oggi piantiamo nel suo cuore. E con questo spirito di profonda connessione, ci avviciniamo al nostro prossimo argomento, esplorando come le emozioni possono essere non solo comprese, ma anche guidate verso orizzonti luminosi.

## 9.3.Strumenti per canalizzare e trasformare emozioni negative

Tutti, bambini e adulti, siamo attraversati da tempeste emotive durante le nostre vite. Come la pioggia che nutre la terra e la prepara per la fioritura, anche le nostre emozioni, anche quelle più turbolente, possono prepararci a crescere e fiorire in maniere inaspettate. Questo capitolo ti guiderà attraverso tecniche e consigli su come aiutare i più giovani a navigare in questi mari tumultuosi.

Prendiamo la respirazione, ad esempio. In mezzo a un'emozione travolgente, un profondo respiro può essere come una boccata d'aria fresca in una stanza soffocante. Insegna ai bambini a usare la respirazione come un'ancora, un punto fermo in mezzo alla tempesta.

Ma riconoscere l'emozione è altrettanto fondamentale. Immagina un bambino che dice: "Mi sento triste". Questa semplice affermazione, pronunciata senza giudizio, dà voce ai suoi sentimenti. Permette al bambino di accogliere quell'emozione come un ospite temporaneo, non come un intruso.

E quando le parole non bastano? L'arte può venire in soccorso. Un disegno, una scultura in argilla, un collage, possono diventare il linguaggio segreto attraverso il quale un bambino esprime ciò che le parole non riescono a catturare. La narrazione si inserisce in questo contesto come un ulteriore strumento: attraverso storie e racconti, il bambino può riflettere sulle proprie emozioni, dando loro un contesto e, forse, trovando soluzioni creative.

Non dimentichiamoci della potenza del rilassamento. Al di là della semplice respirazione, la meditazione, la visualizzazione e persino lo stretching possono offrire momenti di pace e di connessione con se stessi. In questi momenti, il bambino può imparare a parlare a se stesso con gentilezza e amore, trasformando il dialogo interiore in un alleato prezioso.

Nelle pagine successive, ci immergeremo più profondamente in queste tecniche, esplorando come possono essere adattate e personalizzate per ogni individuo. Attraverso questo percorso, sperio che tu e i bambini nella tua vita possiate trovare nuovi modi di vivere e interpretare le emozioni, trasformandole in opportunità per una crescita autentica e profonda.

## 9.4. Il valore delle emozioni scomode

In una società che spesso predilige la positività, c'è un rischio intrinseco di trascurare o addirittura sopprimere le emozioni scomode, quelle che possono sembrare come intrusi indesiderati nella nostra vita quotidiana. Tuttavia, queste emozioni, spesso etichettate come negative, sono una componente fondamentale della nostra esperienza umana e possono offrire profonde intuizioni sulla nostra vita interiore e sul nostro rapporto con il mondo esterno.

Prendiamo, ad esempio, la tristezza. Se considerata solo per la sua faccia superficiale, potrebbe sembrare un'emozione da evitare a tutti i costi. Ma se ci addentriamo nella sua essenza, ci accorgiamo che la tristezza può essere una reazione a una perdita, a un cambiamento, o a una delusione. Essa ci offre l'opportunità di fermarci, riflettere e capire meglio cosa veramente ci tiene a cuore.

L'ansia, un altro visitatore scomodo, può sembrare paralizzante in molte circostanze. Eppure, essa ha avuto un ruolo evolutivo fondamentale nel proteggere i nostri antenati da potenziali pericoli. Oggigiorno, l'ansia può segnalarci che qualcosa nella nostra vita necessita di maggiore attenzione o cambiamento. Invece di respingerla, possiamo accogliere l'ansia come un campanello d'allarme, un segno che è ora di prenderci cura di noi stessi in un modo particolare.

La rabbia, spesso temuta e stigmatizzata, può in realtà essere un potente catalizzatore per il cambiamento. Essa può emergere quando sentiamo che i nostri confini sono stati violati o quando percepiamo un'ingiustizia. Piuttosto che permettere che la rabbia ci consumi, possiamo usarla come carburante per la crescita personale, per l'affermazione di sé o per promuovere un cambiamento positivo nel mondo.

Ma come possiamo imparare a vedere il valore di queste emozioni scomode? La chiave risiede nel permettere a noi stessi di sentirle senza giudizio. Praticare la consapevolezza, l'osservazione senza attaccamento, può aiutarci a vedere ogni emozione come un messaggero, con una lezione o una realizzazione da offrire.

Quando abbracciamo ogni parte di noi stessi, inclusi i nostri lati più oscuri o vulnerabili, iniziamo a vivere una vita più autentica e integrata. E, come vedremo nel prossimo capitolo, fornire ai bambini gli strumenti per navigare queste acque complesse può essere uno dei regali più preziosi che possiamo offrire.

Incoraggiamoci quindi ad avventurarci in questo viaggio di scoperta, poiché esaminare le emozioni scomode può rivelarsi una strada verso una profonda crescita e comprensione di sé.

## 9.5. Prevenzione e intervento in situazioni critiche

In ogni angolo della vita, ombre e tempeste si manifestano. A volte, queste tempeste sono emozionali, spingendoci verso mari tumultuosi che mettono alla prova la nostra capacità di navigare. Ma come possiamo affrontare e prevenire questi momenti critici, per noi e per i nostri cari?

Anticipare una tempesta è spesso più saggio che affrontarla senza preparazione. Come il vento che soffia prima dell'arrivo di un temporale, ci sono segni, sia sottili che manifesti, che indicano uno squilibrio emotivo. Potrebbe trattarsi di un cambiamento nel comportamento di un bambino, o forse quei momenti di ritiro che tutti noi viviamo quando ci sentiamo sopraffatti. Riconoscere questi segni precoci non è solo uno sforzo preventivo ma anche un gesto d'amore.

Ma anche quando le tempeste si avvicinano, avere un rifugio, un luogo sicuro, diventa fondamentale. Questo rifugio potrebbe essere un angolo silenzioso della nostra casa, un luogo amato nella natura, o anche una persona cara con cui possiamo confidare. Un rifugio dove le onde e i venti tumultuosi possono essere tenuti a bada, anche solo per un momento, permettendoci di respirare.

E in quei momenti di pausa, mentre il mondo esterno ruggisce, possiamo ricorrere a strumenti personali che ci aiutano a ristabilire l'equilibrio. Alcuni di noi potrebbero trovare conforto in una canzone, altri in una serie di respiri profondi e controllati, e altri ancora in una visualizzazione mentale di un luogo sereno. Ciò che conta è trovare quel meccanismo di auto-aiuto che fa eco alla nostra essenza.

Tuttavia, c'è forza anche nel riconoscere quando abbiamo bisogno di una mano esterna. Che sia un amico, un membro della famiglia, o un professionista, raggiungere qualcuno non è un segno di debolezza, ma piuttosto un riconoscimento che, come esseri umani, siamo fatti per connetterci, per aiutare e per essere aiutati.

E in questo viaggio, attraverso tempeste e acque tranquille, emerge un obiettivo più grande: la resilienza. Con ogni sfida superata, con ogni tempesta affrontata, cresciamo. Diventiamo più saggi, più forti e, alla fine, più preparati per la prossima ondata che la vita ci manda.

Ora, mentre continuiamo questo viaggio attraverso le profondità delle emozioni, consideriamo che ogni passo, ogni decisione e ogni momento di introspezione ci porta più vicino alla comprensione di noi stessi e del mondo che ci circonda. E con questa consapevolezza, guardiamo avanti, verso nuove scoperte e realizzazioni.

# Empatia e relazioni con i pari

## 10.1. Che cos'è l'empatia?

Mentre ci muoviamo attraverso le complesse reti delle emozioni e delle relazioni umane, incontriamo un concetto che, nonostante la sua semplicità apparente, ha una profondità e un significato incommensurabili: l'empatia. Ma che cos'è realmente l'empatia? E perché è così cruciale nella nostra evoluzione emotiva e sociale?

L'empatia è quella sottile, ma potente, capacità di mettersi nei panni di un altro, di sentire ciò che sente, di comprendere la sua prospettiva senza giudizio. Non si tratta semplicemente di simpatizzare o di provare pietà, ma piuttosto di un vero e proprio viaggio emotivo nel mondo interiore di un altro individuo. Questo viaggio ci permette di connetterci con gli altri a un livello profondo e autentico, facilitando la comprensione e il sostegno reciproco.

Ma da dove nasce l'empatia? Alcuni potrebbero argomentare che ha radici biologiche, evolutesi come meccanismo di sopravvivenza per creare legami comunitari forti e cooperativi. Altri sostengono che l'empatia è una costruzione sociale, inculcata in noi attraverso l'educazione e le esperienze di vita. In realtà, è probabile che sia una combinazione di entrambe, intrecciata nella trama stessa del nostro essere.

L'empatia è come un ponte, unendo isole di individualità in un arcipelago di comprensione collettiva. Quando osserviamo qualcuno in difficoltà o gioia, quando percepiamo le sfumature di tristezza negli occhi di un amico o la gioia incontenibile in un sorriso genuino, sperimentiamo momenti di empatia. Questi momenti trascendono le parole e ci ricordano la nostra intrinseca interconnessione come esseri umani.

Eppure, nonostante la sua natura innata, l'empatia è anche una competenza che può essere coltivata e affinata. La chiave risiede nell'ascolto attivo, nell'essere presenti e aperti alle esperienze degli altri, e nel riconoscere e mettere da parte i propri pregiudizi. Questo richiede pratica, introspezione e, a volte, il coraggio di affrontare le proprie vulnerabilità.

L'empatia, nella sua essenza, è anche un antidoto potente contro la disconnessione e l'alienazione. In un mondo sempre più frammentato, dove la tecnologia spesso prevale sulle interazioni faccia a faccia, coltivare l'empatia può diventare un faro, guidandoci verso una connessione umana più profonda e significativa.

Con l'empatia come fondamento, possiamo costruire relazioni più solide, comunità più unite e un mondo più compassionevole e comprensivo. E mentre continuiamo il nostro viaggio esplorativo, teniamo presente l'importanza di questa connessione empatica, poiché ci guiderà attraverso le sfide e le opportunità che incontreremo nei prossimi capitoli.

## 10.2. Fasi di sviluppo dell'empatia

L'empatia, quel sottile legame che ci connette emotivamente agli altri, non si manifesta nella vita di un individuo come un lampo di luce, ma piuttosto come una fiammella che cresce lentamente, alimentata dalle esperienze e dalle interazioni quotidiane.

Nei primissimi mesi di vita, un neonato potrebbe rispondere al pianto di un altro bambino con lacrime proprie. Questa reazione, apparentemente semplice, svela in realtà i germogli di una capacità profonda di percepire le emozioni altrui. E, mentre cresce, questa capacità si evolve: il piccolo che un tempo piangeva al suono delle lacrime altrui ora potrebbe correre ad abbracciare un compagno di giochi che ha appena perso il suo giocattolo.

Man mano che i bambini diventano più grandi, iniziano a dimostrare una consapevolezza ancora più profonda delle emozioni degli altri. Un bambino in età prescolare potrebbe fare domande per cercare di capire perché un amico è triste o felice, dimostrando un'abilità in crescita nell'identificare e compiere azioni basate sulla comprensione delle emozioni altrui.

Quando raggiungono l'adolescenza, le loro interazioni diventano più complesse e sofisticate. L'empatia non si limita più a condividere le emozioni, ma si traduce in un genuino interesse per il benessere degli altri, portando spesso a gesti di gentilezza e supporto.

E nell'età adulta, l'empatia raggiunge la sua piena maturazione, fondendo tutte le fasi precedenti in una comprensione profonda e multifaccettata delle emozioni altrui. Questa capacità di sentire e rispondere alle emozioni degli altri in modi tanto variegati sottolinea la bellezza e la complessità dell'esperienza umana.

La traiettoria dell'empatia attraverso la vita non è solo una sequenza di fasi, ma piuttosto un viaggio intricato e sinuoso, arricchito da ogni relazione e ogni interazione. E mentre continuiamo a esplorare questo affascinante aspetto dell'esperienza umana, ricordiamo che l'empatia, come qualsiasi capacità, può essere coltivata e affinata.

## 10.3. Empatia e amicizia: costruire legami solidi

Nel vasto e intricato tessuto delle relazioni umane, l'empatia emerge come una delle fibre più robuste e fondamentali. Essa gioca un ruolo particolarmente cruciale nel consolidamento delle amicizie, trasformandole in legami duraturi e profondi.

L'amicizia, nella sua essenza, non è solo una questione di compagnia, ma anche di comprensione. Ogni volta che ci ascoltiamo a vicenda, condividiamo gioie e dolori, ci sosteniamo nei momenti difficili e festeggiamo insieme le vittorie, stiamo esercitando la nostra capacità empatica. E proprio come un muscolo, più la usiamo, più si sviluppa e si rafforza.

Pensa a quel momento in cui un amico ti ha raccontato una storia personale, magari piena di sfide e ostacoli, e ti sei sentito triste o preoccupato per lui. O quando hai percepito la sua eccitazione e gioia per una nuova avventura o un successo. Questi momenti, in cui sentiamo profondamente ciò che un altro sta vivendo, sono manifestazioni tangibili dell'empatia.

Ma l'empatia non è solo un modo per comprendersi meglio a vicenda; è anche un ponte che ci permette di attraversare le tempeste insieme. Quando un'amicizia è messa alla prova, forse a causa di un malinteso o di una delusione, è l'empatia che spesso ci guida verso la riconciliazione. Essa ci aiuta a vedere oltre le nostre ferite e a comprendere il punto di vista dell'altro. Ci invita a mettere da parte l'orgoglio e a cercare soluzioni che possano beneficiare entrambe le parti.

E così, mentre le relazioni superficiali possono basarsi su interessi comuni o su circostanze temporanee, le amicizie solide e durature sono spesso radicate nell'empatia. Queste sono le amicizie in cui ciascuno si sente ascoltato, apprezzato e capito. Sono le relazioni in cui ciascuno può mostrarsi vulnerabile, sapendo che l'altro sarà lì ad accoglierlo con comprensione e senza giudizio.

Nel contesto dell'educazione emotiva, è fondamentale incoraggiare i bambini a coltivare e valorizzare l'empatia nelle loro amicizie. Gli adulti possono fungere da modelli, mostrando come ascoltare attivamente, come rispondere con gentilezza e come cercare di comprendere le esperienze e i sentimenti degli altri. Attraverso esercizi, giochi e discussioni, possiamo dare ai bambini gli strumenti per costruire amicizie empatiche e significative.

Mentre continuiamo il nostro viaggio esplorativo delle emozioni umane, ricordiamoci che le amicizie non sono solo fonti di gioia, ma anche opportunità per crescere e imparare. E al centro di tutto ciò c'è l'empatia, quel magnifico dono che ci permette di camminare accanto agli altri, condividendo ogni passo del percorso.

## 10.4. Educare all'empatia: giochi e attività

Educare all'empatia non è solo un compito degli educatori, ma anche un'arte. Richiede una comprensione profonda dell'essere umano e la consapevolezza che ognuno di noi è un universo emotivo in continua evoluzione. E in questo contesto, i giochi e le attività possono diventare strumenti potenti per favorire lo sviluppo di questa capacità.

Immagina un'aula o un salotto in cui i bambini, attraverso il gioco, sono incoraggiati a mettersi nei panni degli altri. Questi momenti ludici, oltre a essere divertenti, offrono l'opportunità di sperimentare e comprendere le emozioni e i sentimenti degli altri. Attraverso il gioco, i bambini possono vivere storie, avventure e situazioni che li portano a sperimentare l'empatia in modo diretto e concreto.

Un classico esempio di gioco empatico è il "gioco delle emozioni". In questa attività, i bambini pescano una carta con sopra disegnato un'espressione facciale, come la tristezza o la gioia. Dopodiché, devono raccontare una storia o una situazione in cui hanno provato quella particolare emozione, incoraggiando gli altri a condividere le loro esperienze simili. Questa semplice attività non solo stimola la comprensione e la condivisione delle emozioni, ma promuove anche l'ascolto attivo.

Un'altra attività coinvolgente è il "teatro delle ombre empatiche". I bambini creano piccoli teatrini con sagome e raccontano storie in cui i personaggi vivono diverse situazioni emotive. Gli altri bambini, poi, devono indovinare le emozioni in gioco e discutere su come si sarebbero sentiti al posto di quel personaggio.

Oltre ai giochi, ci sono numerose attività che possono essere integrate nella routine quotidiana per promuovere l'empatia. Una di queste potrebbe essere il "diario delle emozioni", in cui ogni bambino, alla fine della giornata, scrive o disegna un momento in cui ha mostrato empatia o un momento in cui ha avuto bisogno di empatia. Con il tempo, questo diario diventa una preziosa raccolta di esperienze empatiche che possono essere condivise e discusse in gruppo.

Educare all'empatia, dunque, non significa solo parlare di essa, ma viverla attivamente ogni giorno. E con la giusta combinazione di giochi e attività, possiamo creare un ambiente in cui l'empatia fiorisce naturalmente, diventando una parte integrante del tessuto delle relazioni interpersonali.

Nel contesto dell'educazione emotiva, è fondamentale comprendere che l'empatia non è una capacità statica, ma una competenza in continua evoluzione. Attraverso il gioco e le attività quotidiane, possiamo offrire ai bambini un terreno fertile in cui far crescere questa abilità, arricchendo non solo le loro vite, ma anche quelle delle persone che li circondano.

Con questa consapevolezza in mente, continuiamo il nostro viaggio nell'universo delle emozioni.
La strada è ancora lunga, ma passo dopo passo, stiamo costruendo una base solida per un futuro emotivamente sano e consapevole.

## 10.5. L'empatia come chiave per prevenire conflitti

Nel tessuto complesso delle relazioni umane, l'empatia si presenta come una delicata trama che collega le persone tra di loro. Una trama che, quando tesa e sostenuta, può divenire una robusta rete di comprensione e sostegno, scongiurando disarmonie e incomprensioni. Quando parliamo di prevenzione dei conflitti, infatti, non possiamo prescindere dall'importanza fondamentale dell'empatia.

Conflitti, grandi o piccoli, possono sorgere in una moltitudine di situazioni: tra compagni di classe, colleghi di lavoro, amici, partner o tra nazioni intere. E mentre le cause possono essere diverse, c'è una componente comune in quasi ogni conflitto: la mancanza di comprensione e ascolto. L'empatia, in questo contesto, si presenta come un antidoto, una chiave che apre la porta alla comprensione dell'altro.

Pensiamo a quante volte abbiamo assistito o partecipato a discussioni che si sono infiammate a causa di malintesi. Quante volte abbiamo percepito che l'altro non ci stava realmente ascoltando o comprendendo? E quante volte ci siamo sentiti soli e incompresi, desiderosi solo di essere ascoltati e visti per ciò che veramente siamo?

L'empatia, quindi, non è un mero esercizio intellettuale, ma una profonda connessione emotiva con l'altro. Si tratta di mettersi nei panni dell'altro, di percepire le sue emozioni, di ascoltare senza giudicare. In questo modo, diventa possibile non solo comprendere le motivazioni e i sentimenti altrui, ma anche anticipare possibili attriti e disaccordi, lavorando proattivamente per prevenirli.

Immagina un mondo in cui, prima di prendere decisioni che influenzano gli altri, ci fermassimo a considerare come queste potrebbero impattare su di loro. Un mondo in cui, prima di esprimere un'opinione, ci chiedessimo come potrebbe essere ricevuta dall'altra persona. Questa prospettiva empatica non elimina i conflitti, ma li rende sicuramente meno frequenti e, quando emergono, più gestibili e risolvibili.

Tuttavia, come possiamo coltivare questa preziosa competenza? Iniziamo dai piccoli gesti quotidiani, come ascoltare con attenzione quando qualcuno ci parla, cercando di sintonizzarci sulle sue emozioni. Oppure, esercitarsi nella "lettura empatica", ossia cercare di immaginare cosa potrebbe provare una persona in una data situazione. Questi semplici esercizi, se praticati costantemente, possono aiutarci a sviluppare una maggiore capacità empatica.

Ma l'empatia non è solo benefica per le relazioni interpersonali. Può anche avere un impatto profondo su questioni globali come la pace, l'equità e la giustizia. Infatti, se impariamo ad ascoltare e comprendere le storie e le esperienze di persone di culture, religioni e background diversi dai nostri, possiamo costruire ponti di comprensione che superano divisioni e pregiudizi.

Concludendo, l'empatia è molto più di una semplice "abilità". È una lente attraverso cui vedere il mondo, una chiave che può sbloccare porte altrimenti chiuse. E mentre proseguiamo nel nostro viaggio di esplorazione delle emozioni e delle relazioni, nel prossimo capitolo, ci addentreremo in altre sfaccettature dell'animo umano, tenendo sempre presente il valore inestimabile dell'empatia come guida.

# La resilienza: costruire forza interiore

## 11.1. Definizione di resilienza

La resilienza è un termine che, in origine, derivava dal mondo della fisica e si riferiva alla capacità di un materiale di resistere a forze esterne e tornare alla sua forma originale. Tuttavia, con il tempo, il concetto ha trovato un'importante applicazione nel contesto psicologico, divenendo un pilastro fondamentale nell'esplorazione del comportamento e del benessere umano.

Quando parliamo di resilienza in psicologia, ci riferiamo alla capacità di una persona di affrontare, superare, adattarsi o recuperare da situazioni avverse, traumi, tragedie o stress in generale. Può trattarsi di eventi gravi come la perdita di un caro, una malattia grave, oppure di sfide quotidiane come conflitti relazionali o problemi sul posto di lavoro.

La resilienza non è una qualità innata, né è qualcosa di statico. Al contrario, è dinamica e può essere coltivata e sviluppata nel corso della vita. Persone che in un determinato momento della loro esistenza potrebbero apparire vulnerabili o fragili, possono diventare resilienti grazie a strategie, sostegno e apprendimento.

Tornando alla metafora originale, possiamo immaginare la resilienza come un elastico. Se lo stiriamo, ritorna alla sua forma originale. Ma non è solo questo: l'elastico può anche allungarsi, adattarsi e crescere, proprio come le persone possono evolversi attraverso le esperienze di vita.

Quando pensiamo alla resilienza, spesso immaginiamo individui che hanno superato enormi avversità. Ma è importante ricordare che la resilienza si manifesta anche nelle piccole sfide quotidiane, in quei momenti in cui, nonostante le difficoltà, scegliamo di andare avanti, di trovare nuove soluzioni, di cercare aiuto o semplicemente di accettare e lasciar andare.

Molte ricerche hanno esplorato le radici della resilienza e hanno identificato diversi fattori che contribuiscono al suo sviluppo. Tra questi, vi sono: la presenza di relazioni positive e di sostegno, una visione positiva di se stessi, abilità di problem solving, capacità di gestione delle emozioni e, soprattutto, la capacità di vedere le difficoltà come occasioni di crescita e non come insormontabili ostacoli.

Ma se la resilienza può essere sviluppata, come possiamo coltivarla? La risposta sta, in parte, nelle esperienze passate e nella riflessione su di esse. Ogni volta che superiamo una difficoltà, non solo guadagniamo forza, ma impariamo anche qualcosa su noi stessi e sul mondo intorno a noi. La chiave è utilizzare queste esperienze come trampolini di lancio, come opportunità per costruire una base solida su cui affrontare le future sfide.

Come continueremo a scoprire nel prossimo punto,l'essere umano ha un'incredibile capacità di adattamento e crescita. La resilienza è solo una delle molte qualità che ci permettono di navigare attraverso le tempeste della vita, trovando sempre un modo per emergere rinnovati e pronti a affrontare il giorno successivo.

## 11.2. I pilastri della resilienza nei bambini

La resilienza, come abbiamo esplorato nel punto precedente, rappresenta la capacità di superare avversità e ostacoli. Tuttavia, quando ci concentriamo sui bambini, diventa essenziale comprendere quali sono i pilastri fondamentali che sostengono e nutrono questa capacità durante le prime e cruciali fasi della vita.

Relazioni positive e di sostegno: Al centro della resilienza infantile ci sono le relazioni. I bambini che crescono circondati da figure di riferimento amorevoli, che offrono sostegno e sicurezza, sono meglio equipaggiati per affrontare le sfide. Questo legame di fiducia aiuta il bambino a costruire una base sicura da cui esplorare il mondo.

Autostima e autoefficacia: La fiducia in se stessi è un elemento fondamentale. Quando i bambini sentono di essere capaci, e vengono riconosciuti per i loro sforzi e non solo per i risultati, sviluppano una maggiore fiducia nelle proprie capacità e nella possibilità di superare le avversità.

Gestione delle emozioni: Apprendere fin da piccoli come riconoscere, esprimere e gestire le proprie emozioni è fondamentale. Questa capacità non solo aiuta a navigare attraverso le sfide, ma insegna anche ai bambini a reagire in modo costruttivo agli ostacoli, piuttosto che essere sopraffatti da essi.

Problem solving e pensiero critico: Offrire ai bambini opportunità di affrontare problemi, anche piccoli, e incoraggiarli a trovare soluzioni, contribuisce a sviluppare la loro capacità di pensiero critico. Questa abilità li aiuterà a prendere decisioni ponderate in situazioni complesse.

Ottimismo e speranza: Mantenere una visione positiva del futuro, anche in momenti difficili, è una qualità fondamentale della resilienza. I bambini che apprendono l'ottimismo, che vedono le sfide come temporanee e superabili, sono meglio preparati a fronteggiare le avversità.

Flessibilità e adattabilità: La vita è piena di cambiamenti. I bambini che imparano ad adattarsi, che vedono il cambiamento come un'opportunità piuttosto che una minaccia, sono più resilienti. La flessibilità mentale li aiuta a vedere le situazioni da diverse prospettive e a trovare nuove soluzioni ai problemi.

Nell'educazione dei bambini, è fondamentale offrire loro un ambiente dove questi pilastri possano crescere e svilupparsi. Ma è anche importante ricordare che ogni bambino è unico. Alcuni potrebbero avere una naturale predisposizione verso la resilienza, mentre altri potrebbero aver bisogno di più sostegno e orientamento. Ciò che conta davvero è l'approccio intenzionale e amorevole degli adulti che li circondano, un approccio che comprenda l'importanza di costruire queste fondamenta solide per la vita.

## 11.3. Fallire e riprovarci: apprendere dalla sconfitta

Nell'immaginario collettivo, il successo e la perfezione sembrano regnare sovrani, oscurando le piccole imperfezioni e gli ostacoli lungo il cammino. Ma c'è una saggezza nascosta dietro ogni errore, una lezione dietro ogni caduta. Se desideriamo veramente equipaggiare i nostri bambini con gli strumenti per navigare in un mondo sempre più complesso, dobbiamo mostrare loro che il valore non risiede solo nella meta, ma anche nel viaggio stesso, con tutti i suoi intoppi.

Da piccoli, tutti noi abbiamo sperimentato il processo di apprendimento attraverso tentativi ed errori. Ricordiamo quando, ancora incerti sulle nostre gambe, abbiamo cercato di camminare, cadendo e risalendo, fino a quando non abbiamo fatto quei primi passi sicuri. In modo simile, ogni sfida che un bambino incontra, che si tratti di un rompicapo o di un compito difficile, è un'opportunità di crescita, un invito a raccogliere e proseguire.

 Se guidati ad adottare una mentalità di crescita, i bambini cominciano a vedere le sfide non come barriere, ma come ponti verso nuove comprensioni. Questa filosofia può cambiare radicalmente come i bambini vedono se stessi e il loro posto nel mondo.

E qui sta la vera bellezza del fallimento. Non è un vicolo cieco, ma un bivio. Un invito a fermarsi, riflettere e scegliere una nuova strada. Questo approccio alla sconfitta non solo aiuta a costruire la resilienza, ma insegna anche che la determinazione e la perseveranza sono altrettanto preziose quanto il talento o l'intelligenza.

Noi, come figure di riferimento nella vita dei bambini, abbiamo il potere e la responsabilità di modellare le loro percezioni. Il modo in cui reagiamo di fronte ai loro errori, le parole che scegliamo e l'incoraggiamento che offriamo possono fare la differenza tra un bambino scoraggiato e uno che vede un'opportunità in ogni ostacolo.

In fin dei conti, le sconfitte, gli errori e i fallimenti sono tessere del mosaico della vita. Sono momenti che, se affrontati con il giusto spirito, possono portare a una profonda crescita e comprensione di sé. E mentre continuiamo questo viaggio, ci addentreremo in ulteriori discussioni su come i bambini possono evolversi emotivamente e socialmente attraverso le esperienze che vivono.

## 11.4. Storie di resilienza: esempi pratici

La resilienza non è un concetto astratto, ma un vissuto, una forza che emerge nei momenti di sfida, spesso manifestandosi attraverso storie di individui che affrontano le avversità con coraggio e determinazione. Esplorare questi racconti può offrire ai bambini esempi concreti e ispiratori su come affrontare le proprie difficoltà.

Lucia: la danza come salvezza
Lucia aveva otto anni quando un incidente la costrinse su una sedia a rotelle. Per molti, ciò avrebbe potuto segnare la fine di qualsiasi aspirazione legata al movimento. Tuttavia, con un indomito spirito resiliente, Lucia non ha solo affrontato la sua nuova realtà, ma ha trovato in essa una passione per la danza in sedia a rotelle. Attraverso la pratica costante e l'incoraggiamento della sua famiglia, Lucia è diventata una ballerina professionista, dimostrando che la resilienza può trasformare le limitazioni in opportunità.

Marco: affrontare il bullismo con la gentilezza
Da sempre timido e riservato, Marco era spesso il bersaglio dei bulli a scuola. Invece di chiudersi in se stesso o di reagire con rabbia, Marco ha scelto un percorso differente. Ha iniziato a partecipare a un club di lettura dove ha condiviso storie di personaggi che hanno affrontato le avversità con coraggio. Questa condivisione ha creato un ambiente solidale tra i membri del club, che hanno poi iniziato campagne di sensibilizzazione contro il bullismo nella loro scuola. La storia di Marco ci insegna che la resilienza può anche manifestarsi attraverso azioni collettive e solidali.

Chiara: dall'abbandono scolastico al successo
La storia di Chiara è quella di una ragazza che, a causa di difficoltà familiari, ha dovuto abbandonare la scuola all'età di 15 anni. Tuttavia, la sua passione per la lettura e l'apprendimento

non si è mai spenta. Con determinazione, ha continuato a studiare da sola e, anni dopo, ha ottenuto il suo diploma da privatista. Successivamente, Chiara ha fondato un'organizzazione no-profit per aiutare altri giovani a realizzare i loro sogni educativi. La sua storia ci mostra che la resilienza può guidarci a superare anche le sfide più impreviste.

Queste storie sono testimonianze potenti della forza dell'animo umano. La resilienza non riguarda la semplice sopravvivenza, ma il modo in cui trasformiamo le nostre esperienze, anche le più dolorose, in occasioni di crescita e sviluppo.

Mentre ci avviciniamo al prossimo argomento, possiamo riflettere su come queste storie possano diventare strumenti pedagogici. Possono essere lette ad alta voce in classe, discusse in famiglia o rappresentate in piccoli spettacoli teatrali. L'importante è trarre ispirazione da esse e usare tali esempi per costruire una mentalità resiliente nei nostri bambini, preparandoli a navigare nelle acque talvolta turbolente della vita.

## 11.5. Sostenere la resilienza nei momenti difficili

La resilienza, come abbiamo visto, rappresenta quella forza interiore che ci permette di superare le avversità. Tuttavia, come possiamo sostenere e nutrire questa resilienza, specialmente nei momenti più bui? Quando le nuvole dell'incertezza oscurano il nostro cammino, è fondamentale avere strumenti e risorse per mantenere acceso il fuoco della speranza.

Prima di tutto, è essenziale offrire un ascolto empatico. A volte, ciò che una persona - sia essa un bambino o un adulto - desidera davvero è qualcuno che ascolti i suoi sentimenti e le sue paure, senza necessariamente offrire soluzioni. L'atto di ascoltare può confermare i sentimenti di una persona e aiutarla a sentirsi meno isolata.Ascoltare senza giudicare è tutto ciò di cui si necessita.

Ogni emozione, anche quella negativa, ha un valore.
La tristezza, la frustrazione o la paura sono reazioni naturali a situazioni difficili. Riconoscere e accettare questi sentimenti può essere il primo passo verso la loro elaborazione. Riconoscere la validità dei sentimenti ed essere presenti.

La critica interiore può essere una delle principali nemiche della resilienza. Insegnare ai bambini - e ricordare a noi stessi - di trattarsi con gentilezza e comprensione, anche quando si commettono errori, può costruire una fondamentale base di supporto interno. Promuovere l'autocompassione.

Le strategie di coping, come tecniche di rilassamento, esercizi di respirazione o attività creative, possono fornire un mezzo per gestire lo stress e le emozioni intense. Anche solo una breve passeggiata all'aria aperta o qualche minuto di meditazione possono fare la differenza. Sperimentare e fornire stumenti di coping.

La resilienza non si sviluppa in isolamento. Una rete solida di amici, familiari, insegnanti o consulenti può fare la differenza nei momenti di crisi. Queste persone possono offrire supporto pratico, ascolto e incoraggiamento. Creare una rete di sostegno.

In momenti difficili, può sembrare che non ci siano progressi. Eppure, ogni piccola azione, ogni piccolo passo avanti, è una testimonianza della forza interiore. Celebrare questi momenti può fornire la spinta necessaria per continuare.
Celebrare le piccole vittorie.

Anche se può sembrare difficile, è importante ricordare che le situazioni cambiano e che le difficoltà di oggi possono non essere quelle di domani. Mantenere la speranza e ricordare i momenti in cui si è superato un ostacolo in passato può offrire una prospettiva preziosa.
Mantenere la prospettiva come motivazione.

Concludendo, la resilienza è come una pianta che ha bisogno di cure costanti per crescere e fiorire. Anche nei momenti più aridi, con il sostegno adeguato, questa forza interiore può emergere e guidarci attraverso le tempeste della vita. E, mentre continuiamo il nostro viaggio attraverso questo libro, esploreremo ulteriori aspetti della psicologia emotiva, costruendo un quadro completo delle risorse che possiamo offrire ai nostri bambini. Con questo in mente, avanzeremo verso l'approfondimento del prossimo argomento: la comprensione profonda dell'essere umano nelle sue molteplici sfaccettature.

# Emozioni e natura: il legame con l'ambiente

## 12.1. La connessione tra natura ed emozioni

Da sempre, fin dalle prime albe dell'esistenza umana, siamo stati magicamente legati alla natura. Non solo come una sorgente di risorse per la nostra sopravvivenza, ma come un riflesso delle nostre emozioni più profonde e delle sensazioni che ci attraversano.

Nelle intricate trame della vita moderna, con le sue innumerevoli distrazioni, spesso dimentichiamo questa connessione primordiale. Ma basta l'odore fresco della terra dopo una pioggia o la vista di un cielo stellato per risvegliare in noi quella sensazione di appartenenza e pace interiore.

La natura ha un modo tutto suo di ricordarci chi siamo. Una semplice camminata in montagna o un pomeriggio trascorso in un prato fiorito può riportare serenità alla nostra mente affaticata. Il Giappone ha persino una parola per descrivere l'atto di immergersi nella foresta e trarne beneficio: "Shinrin-Yoku", che ci invita a respirare profondamente e abbandonarci alla bellezza circostante.

Mentre ci perdiamo tra le foglie verdi e i murmuri di un ruscello, la natura diventa un catalizzatore per la riflessione. Le sue meraviglie, la sua imprevedibilità e il suo ritmo inalterato nel tempo sono come uno specchio in cui possiamo vedere noi stessi più chiaramente. Grandi pensatori, poeti e filosofi si sono spesso rifugiati nel suo grembo per trovare ispirazione e verità.

Ma, come si fa a mantenere viva questa connessione in un mondo sempre più urbanizzato? E' essenziale che incoraggiamo le nuove generazioni a mettersi in gioco, ad esplorare e a immergersi nella natura. Il contatto con l'ambiente naturale non solo nutre lo spirito, ma insegna anche il rispetto, la pazienza e la gratitudine.

Concludendo, il nostro legame con la natura è un dono prezioso che va riscoperto e coltivato. Ogni volta che ci avviciniamo al mondo naturale, ci avviciniamo anche a una parte profonda di noi stessi.
Scopriremo come la natura può illuminare e arricchire ogni aspetto della nostra esistenza.

## 12.2. I benefici di trascorrere tempo all'aperto

C'è qualcosa di profondamente terapeutico nel sentire la terra sotto i piedi, nel guardare il cielo cambiare colore al tramonto o nell'ascoltare il delicato canto di un uccello al mattino. La natura, nella sua infinita bellezza, ha il dono di curarci in modi che spesso dimentichiamo o sottovalutiamo.

Pensa a quei momenti in cui, affaticato dalla routine quotidiana, ti sei ritrovato a fare una passeggiata in un parco o lungo una spiaggia. Quasi istintivamente, il tuo respiro diventa più profondo, la mente si schiarisce e i problemi sembrano un po' più lontani. È la magia del mondo esterno, una panacea per i mali dell'anima e del corpo.

Naturalmente, i benefici di immergersi nella natura vanno oltre una semplice sensazione di benessere. Il sole, ad esempio, non solo riscalda la pelle, ma contribuisce anche alla produzione di vitamina D, essenziale per il nostro corpo. Ma non è solo questione di vitamine. Ogni movimento, ogni passo fatto all'aperto stimola il corpo, rinvigorisce i muscoli e riaccende l'energia.

La mente, poi, trova un conforto ineguagliabile nella serenità del verde. Boschi, prati, giardini e persino piccoli angoli verdi urbani offrono un rifugio dai pensieri caotici, riducendo l'ansia e lo stress. Non è raro sentirsi più ispirati o creativi dopo un po' di tempo trascorso fuori.

E poi c'è il cuore, l'organo delle emozioni. La natura ha il potere di avvicinarci, di farci sentire parte di qualcosa di più grande. Che si tratti di momenti condivisi con amici e familiari durante una gita fuori porta o della solitudine ristoratrice di una passeggiata in solitaria, la natura accoglie, unisce e rigenera.

Ma l'essenza di tutto ciò, forse, sta nella spiritualità. Molti ritrovano se stessi tra gli alberi o di fronte all'immensità dell'oceano, sentendo una connessione profonda con l'universo. La natura, nei suoi silenzi e nei suoi rumori, parla alla nostra anima.

Immergiamoci ancora di più in questo legame straordinario tra uomo e ambiente, esplorando come l'interazione con la natura possa essere un fondamento per lo sviluppo emotivo e sociale. Perché, alla fine, ciò che il mondo esterno ci offre è un tesoro inestimabile: un senso di appartenenza e un'armonia che pervade ogni aspetto della nostra esistenza.

## 12.3. Educazione ambientale e consapevolezza emotiva

Nel cuore di ogni individuo, c'è un angolo segreto dove risiede la connessione con la natura. Da quel legame nascono la consapevolezza ambientale e una profonda sensibilità emotiva. La comprensione dell'ambiente non riguarda solo la conoscenza degli alberi, dei fiumi o delle specie animali, ma coinvolge anche l'intima percezione di sé stessi e del proprio posto nel mondo.

L'educazione ambientale, quindi, non è solo un compito didattico ma diventa un percorso di crescita personale. Quando un bambino pianta un seme e vede crescere una pianta, sperimenta non solo il miracolo della vita vegetale ma comprende anche il valore della pazienza, della cura e dell'attesa. Si confronta con concetti come il tempo, la morte, la rinascita e l'impegno.

Insegnare ai più piccoli il rispetto per l'ambiente significa anche educarli alla gratitudine, alla responsabilità e all'empatia. Guardare un documentario sulle barriere coralline o sulle foreste pluviali potrebbe ispirare ammirazione e meraviglia. Ma, al contempo, prendere coscienza delle minacce che questi ecosistemi affrontano – come la deforestazione o l'inquinamento – può suscitare empatia e un desiderio di protezione.

E da qui, sorge spontanea una domanda: come possiamo coltivare questa consapevolezza ambientale e, al tempo stesso, nutrire la crescita emotiva?

La risposta risiede, in parte, nell'esperienza diretta. Le gite in natura, le visite ai parchi nazionali o le giornate passate in un orto didattico possono trasformarsi in potenti lezioni di vita. In questi contesti, i bambini non solo apprendono fatti sull'ambiente, ma vivono anche emozioni potenti: l'euforia di raggiungere la cima di una montagna, la calma di sedersi accanto a un ruscello o l'entusiasmo di scoprire un insetto mai visto prima.

Queste esperienze, oltre a seminare i semi dell'educazione ambientale, rafforzano anche l'alfabetizzazione emotiva. Apprendere a riconoscere e gestire le proprie emozioni in relazione all'ambiente circostante diventa una competenza fondamentale. Ad esempio, capire e affrontare la frustrazione quando vediamo l'ambiente naturale danneggiato o sperimentare la gioia quando ci impegniamo in azioni positive per la Terra.

L'educazione ambientale e la consapevolezza emotiva sono come due rami dello stesso albero, nutriti dalle stesse radici e intrecciati in una danza armoniosa. Nutrire l'una significa automaticamente rafforzare l'altra. E come vedremo nel prossimo capitolo, questa simbiosi tra emozioni e ambiente ha profonde implicazioni non solo per l'individuo, ma per l'intera comunità e, in ultima analisi, per il pianeta.

## 12.4. L'importanza del rispetto per l'ambiente

Quando ci fermiamo ad ascoltare il linguaggio silente della natura, ci rendiamo conto di un fatto fondamentale: la Terra parla a chi sa ascoltarla. Attraverso i suoi fiumi, montagne, foreste e creature, essa ci racconta storie di interconnessione e interdipendenza. Ma, soprattutto, ci invita a un dovere primordiale: il rispetto.

Il rispetto per l'ambiente non è una novità introdotta dalle generazioni attuali. È un principio radicato nella saggezza ancestrale di molte culture, che intuivano l'importanza di vivere in armonia con la natura. Queste tradizioni antiche ci insegnano che ogni azione ha una conseguenza e che, come ospiti di questo pianeta, abbiamo il compito sacro di custodirlo.

Ma perché il rispetto per l'ambiente è così cruciale? E come possiamo integrarlo nel tessuto delle nostre vite quotidiane?

Innanzitutto, il rispetto per la natura implica la consapevolezza della nostra posizione nel grande schema delle cose. Non siamo dominatori dell'ambiente, ma piuttosto una piccola, anche se significativa, parte di esso. Quando rispettiamo l'ambiente, riconosciamo che ogni organismo, grande o piccolo, ha un ruolo nella rete della vita.

Inoltre, il rispetto è la base da cui nasce l'azione. Se vediamo il valore intrinseco di un fiume, di una foresta o di un animale, siamo più inclini a proteggerli. Questo atteggiamento proattivo non solo beneficia l'ambiente, ma rafforza anche il nostro senso di appartenenza e responsabilità. In fondo, prendersi cura della Terra è una forma di autoconservazione, poiché il nostro benessere è strettamente legato alla salute dell'ambiente che ci circonda.

Tuttavia, come possiamo coltivare questo rispetto in un mondo in cui spesso la natura è vista come una risorsa da sfruttare? L'educazione gioca un ruolo chiave. Fin dalla tenera età, dobbiamo insegnare ai bambini la meraviglia della natura e l'importanza di trattarla con cura. Questo può avvenire attraverso la lettura di libri, l'osservazione diretta, e la partecipazione a progetti di conservazione.

Anche le piccole azioni quotidiane, come riciclare, ridurre lo spreco d'acqua, o scegliere prodotti eco-sostenibili, sono potenti strumenti di educazione al rispetto. Queste abitudini, col tempo, possono crescere e trasformarsi in movimenti collettivi che spingono per un cambiamento a livello globale.

Il rispetto per l'ambiente è molto più che un concetto astratto. È una pratica quotidiana, un impegno costante, e una scelta di vita. Nel prossimo capitolo, esploreremo come questa profonda reverenza per la natura possa effettivamente tradursi in azioni concrete e sostenibili, e come ognuno di noi può contribuire a plasmare un futuro più verde e prospero per tutti.

## 12.5. Attività all'aperto per esplorare e gestire le emozioni

Immagina di trovarsi su una spiaggia, con il suono delle onde che si infrangono sugli scogli o in un bosco, con il solo canto degli uccelli a fare da colonna sonora e una brezza leggera che ti accarezza il viso. Questi momenti, in cui la natura ci avvolge con la sua semplicità e autenticità, hanno un potere straordinario sul nostro animo. Essi ci permettono non solo di ritrovare un equilibrio interiore, ma anche di esplorare e comprendere la vastità delle nostre emozioni.

C'è una magia nel camminare lentamente sulla sabbia, tra gli alberi, concentrando la mente su ogni singolo passo e sul ritmo del respiro. Questa forma meditativa di movimento, conosciuta come meditazione camminata, ci riporta al momento presente e ci connette in modo profondo con l'ambiente circostante. È un rituale che unisce corpo e mente, unendo l'essere umano con la terra sotto i suoi piedi ed è molto più naturale e spontaneo di quel che si pensi.

Ma non è solo nella meditazione camminata che possiamo sperimentare questa profonda connessione. Prendendo un taccuino e sedendosi su un masso o ai piedi di un albero per annotare pensieri e riflessioni, possiamo dare vita a un "Diario della Natura". Questo esercizio di scrittura ci permette di immortalare ciò che sentiamo in quel momento, creando un legame duraturo con quel particolare istante e quel luogo, riportandoci ad uno stato di benessere nuovo, rigenerante.

Allo stesso modo, srotolare un tappetino e iniziare a muoversi seguendo le pose dello yoga, tutto diventa più intenso quando si è immersi nella natura. Ogni asana risuona con l'energia dell'ambiente circostante, rendendo l'esperienza di yoga all'aperto un viaggio di consapevolezza sia interiore che esterna.

E poi l'arte. Sedersi con una tavolozza di colori e lasciarsi ispirare dal paesaggio davanti a sé è un altro modo per esplorare le proprie emozioni e tradurle in qualcosa di tangibile. Che sia un semplice schizzo o un'opera d'arte più elaborata, il processo creativo diventa un dialogo tra l'artista e la natura.

Ogni momento trascorso all'aperto è un'opportunità. Un'opportunità per riscoprire se stessi, per legare con gli altri e per sviluppare una comprensione più profonda delle proprie emozioni. Come vedremo, comprendere e gestire le proprie emozioni è fondamentale per costruire relazioni sane e durature. E la natura, con la sua infinita saggezza, può essere la nostra guida in questo viaggio di scoperta.

# Conclusione: Verso una crescita consapevole

## 13.1. I risultati di un'educazione emotiva

L'educazione, nelle sue molteplici forme, ha sempre avuto l'obiettivo di fornire agli individui gli strumenti necessari per affrontare il mondo esterno. Tuttavia, altrettanto fondamentale è dotare le persone degli strumenti per affrontare il loro mondo interno. Questo è il cuore dell'educazione emotiva, un approccio olistico che non solo mette in primo piano l'importanza di comprendere le emozioni, ma anche di utilizzarle come guide per il benessere e la crescita personale.

Innanzitutto, uno dei risultati tangibili dell'educazione emotiva è una maggiore consapevolezza di sé. Quando gli individui iniziano a riconoscere e ad analizzare le proprie emozioni, diventano più sintonizzati con le proprie necessità e desideri. Questa consapevolezza può tradursi in una migliore autostima, dato che le persone si sentono più in grado di comprendere e di gestire le proprie reazioni emotive.

Accanto alla consapevolezza di sé, c'è una maggiore capacità di empatia verso gli altri. Aver imparato a riconoscere e accettare le proprie emozioni rende più semplice comprendere quelle altrui. Questo non solo potenzia le relazioni interpersonali, ma contribuisce anche a creare comunità più forti e compassionate, dove le persone si sostengono a vicenda e si rispettano reciprocamente.

Un altro effetto benefico dell'educazione emotiva è la riduzione dello stress e dell'ansia. Quando si è equipaggiati con le competenze per identificare e lavorare con le emozioni, diventa più facile gestire situazioni stressanti o travolgenti. Invece di essere sopraffatti da tali emozioni, gli individui possono riconoscerle, accettarle e poi adottare strategie efficaci per affrontarle.

L'educazione emotiva offre anche strumenti per la risoluzione dei conflitti. Invece di reagire in modo impulsivo o difensivo, coloro che hanno ricevuto un'adeguata formazione emotiva tendono a prendersi un momento per riflettere sulle proprie emozioni e su quelle degli altri prima di rispondere. Ciò porta a comunicazioni più efficaci, riducendo malintesi e tensioni.

Man mano che procediamo nel nostro viaggio, esploreremo ulteriormente come questi risultati dell'educazione emotiva si manifestino in vari ambiti della vita. Ma è essenziale comprendere che, alla base di questa formazione, vi è una profonda umanità. È un riconoscimento che, oltre alla mente, il cuore ha anche un ruolo cruciale nel plasmare chi siamo e come interagiamo con il mondo che ci circonda. E come vedremo nel prossimo capitolo, questo approccio ha implicazioni profonde non solo per l'individuo, ma per l'intera società.

## 13.2. Creare un ambiente positivo per i bambini

Immaginate un bambino che entra in una stanza. Questa non è una stanza qualsiasi, ma un luogo in cui ogni angolo, ogni colore, ogni suono contribuisce a formare il suo mondo emotivo. Qui, non solo i muri e il pavimento sono solidi; le emozioni diventano pilastri tangibili, forgiando il suo carattere e la sua percezione di sé.

In questa stanza, la prima voce che sente è quella della sua famiglia. La voce che non solo ascolta, ma capisce profondamente ogni sua parola, ogni sospiro, ogni risata. Non è solo una questione di udire le parole, ma di sentire il cuore che batte dietro di esse. Qui, la sua voce ha un valore inestimabile e ogni emozione, piacevole o dolorosa, viene accolta come un dono prezioso, un passo verso la comprensione di sé.

Ma, come in ogni casa, ci sono delle regole. Non regole rigide e fastidiose, ma ritmi e routine rassicuranti che danno forma alla giornata. Piccoli rituali, come leggere una storia prima di dormire o condividere un momento speciale al risveglio, diventano faro nella sua esistenza, offrendo sicurezza e prevedibilità.

Non lontano, c'è un angolo speciale, un rifugio. Qui, quando il mondo esterno diventa troppo rumoroso o confuso, può ritrovare la pace e riconnettersi con sé stesso. In questo spazio, anche se piccolo, si sente protetto, avvolto in un abbraccio invisibile ma tangibile.

E mentre cresce e si muove in questa stanza, osserva. Vede come coloro che ama gestiscono la gioia, la tristezza, la frustrazione. Da loro impara che le emozioni non sono nemici da combattere, ma alleati da comprendere. Che non è la forza a definire il coraggio, ma la capacità di affrontare, comprendere e abbracciare ogni sentimento.

Ma questa stanza non è un'isola. È connessa a un mondo più grande: scuole, parchi, comunità. E in ognuno di questi luoghi, trova echi della sua stanza, rinforzi di quei principi che lo aiutano a crescere forte e sicuro.

In fondo, ogni bambino porta con sé un piccolo pezzo di questo ambiente ovunque vada. Perché al centro di tutto c'è l'amore, la dedizione e la comprensione che riceve. Con questi doni, è pronto ad affrontare il mondo, portando con sé la luce di una stanza costruita con cura e amore. E così, passo dopo passo, questa stanza diventa il mondo, un luogo in cui ogni bambino può crescere, imparare e fiorire.

## 13.3. Riflessioni sull'educazione emotiva moderna

Il mondo odierno presenta sfide e opportunità che i nostri antenati non avrebbero potuto immaginare. Con l'avanzare della tecnologia e la sempre maggiore interconnessione tra culture e comunità, le modalità con cui interagiamo e percepiamo il nostro ambiente sono notevolmente cambiate. Questo ha avuto un impatto profondo sul modo in cui concepiamo e praghiamo l'educazione emotiva.

Un tempo, l'educazione emotiva era forse considerata come un sottoinsieme della crescita generale di un individuo. Era qualcosa che si apprendeva attraverso esperienze di vita, interazioni familiari e, in qualche modo, veniva presa per scontata. Oggi, con la crescente comprensione della psicologia e dell'importanza delle emozioni per il benessere complessivo, l'educazione emotiva ha guadagnato un posto d'onore nei programmi di sviluppo personale.

Un aspetto chiave della moderna educazione emotiva è il riconoscimento che le emozioni non sono statiche, ma dinamiche. Non sono qualcosa da "gestire" nel senso tradizionale, ma piuttosto da navigare. In un mondo in cui siamo bombardati da informazioni, stimoli e spesso da stress, imparare a navigare nel tumultuoso mare delle emozioni è diventato una competenza essenziale.

Inoltre, la tecnologia ha aggiunto un ulteriore livello di complessità. I social media, ad esempio, presentano una vetrina delle emozioni, filtrate attraverso lenti spesso distorte. Confrontarsi con queste rappresentazioni può sfidare la nostra autopercezione e il nostro valore. Questo rende l'educazione emotiva ancora più cruciale, poiché offre gli strumenti per comprendere e mettere in prospettiva queste influenze esterne.

Ma non è tutto negativo. La modernità ha anche portato con sé una maggiore apertura e comprensione delle diverse esperienze emotive. La discussione su argomenti come la salute mentale, una volta tabù, è ora al centro dell'attenzione, con una crescente enfasi sull'importanza di riconoscere e affrontare le emozioni, piuttosto che reprimerle.

In questo contesto, riflettere sull'educazione emotiva moderna significa anche riconoscere l'importanza dell'inclusività. Ogni individuo ha un suo proprio vissuto, e ciò che può funzionare per uno potrebbe non essere adatto per un altro. L'approccio "taglia unica" è superato. Le scuole, le istituzioni e le famiglie sono ora chiamate a personalizzare l'educazione emotiva, garantendo che sia pertinente e significativa per ogni individuo.

Guardando al futuro, è essenziale riconoscere che l'educazione emotiva non è un concetto statico. Evolverà con la società, adattandosi alle nuove sfide e opportunità che emergeranno. Ma una cosa è certa: nel mondo moderno, l'educazione emotiva non è più un lusso, ma una necessità. Come educatori, genitori e membri della società, la responsabilità di fornire queste competenze essenziali alle future generazioni non è mai stata così grande. E con la giusta riflessione e dedizione, possiamo garantire che ogni individuo sia dotato degli strumenti necessari per navigare con successo nel complesso paesaggio emotivo del XXI secolo.

## 13.4. L'importanza di continuare a educarsi come adulti

L'apprendimento non si limita ai primi anni della nostra vita né si circoscrive alle pareti delle aule scolastiche. È una verità fondamentale che, in quanto adulti, abbiamo la responsabilità e l'opportunità di abbracciare. L'educazione, in particolare quella emotiva, è una luce che ci guida attraverso i meandri della vita, illuminando le nostre sfide e le nostre gioie.

Man mano che evolviamo e ci trasformiamo, ci rendiamo conto che ogni fase della nostra vita ci presenta nuovi enigmi e misteri. Le relazioni si evolvono, le responsabilità si espandono e la nostra percezione di noi stessi si ridefinisce continuamente. Per navigare in questi mari mutevoli, è essenziale comprendere ed elaborare le nostre emozioni, rimettendo in discussione e rielaborando ciò che una volta abbiamo dato per scontato.

Inoltre, viviamo in un'epoca di rapido cambiamento. La modernità, con le sue sfide in termini di tecnologia e interazione sociale, richiede una nuova consapevolezza da parte nostra. Non solo dobbiamo capire come adattarci, ma spesso siamo chiamati a essere guide per le generazioni più giovani, mostrando loro come navigare in questo nuovo mondo.

Mentre il mondo esterno cambia, noi dobbiamo cambiare con esso. Le evoluzioni in società, politica, tecnologia e ambiente hanno un impatto sul nostro benessere emotivo. L'educazione emotiva ci fornisce gli strumenti per rispondere a questi cambiamenti con resilienza e saggezza.

Ma oltre a rispondere alle sfide esterne, c'è un valore intrinseco nell'essere studenti per tutta la vita. Mantenere la mente affilata, curiosa e aperta è in sé una fonte di gioia. E, come bonus aggiuntivo, diventiamo faro e modello per le generazioni più giovani, dimostrando loro che l'apprendimento è un'avventura che dura tutta la vita.

Concludendo, non importa quanti anni abbiamo, c'è sempre spazio per crescere, imparare e prosperare. Mentre procediamo nel nostro viaggio, è essenziale che continuiamo a nutrire la nostra sete di conoscenza e comprensione. Il prossimo capitolo esplorerà ulteriormente come tutti, indipendentemente dall'età, possiamo integrare questa filosofia nella nostra vita quotidiana.

## 13.5. Invito all'azione: ogni bambino ha il diritto di essere compreso

In ogni angolo della nostra società, esiste un grido silenzioso: il desiderio di essere compreso. Questo anelito, forse il più fondamentale di tutti, risuona in modo particolare nel cuore di ogni bambino. Un bambino non è solo un individuo in miniatura, in attesa di diventare un adulto. È un essere umano a pieno titolo, con pensieri, sentimenti e aspirazioni. E, come tale, ogni bambino ha il diritto fondamentale di essere compreso nella sua interezza.

Nel contesto della nostra discussione sull'educazione emotiva, comprendere i bambini significa riconoscere e rispettare le loro emozioni. Significa accettare che le loro paure, le loro gioie, le loro frustrazioni e i loro sogni abbiano lo stesso peso e la stessa validità di quelli di un adulto. Ma va oltre. Comprendere un bambino significa anche offrire strumenti, risorse e opportunità per aiutarlo a navigare nel complicato mare delle emozioni.

Abbiamo visto alcuni degli strumenti che possiamo utilizzare per coltivare l' emotività, ascoltare attivamente sintonizzandosi sulle emozioni   nascoste dietro le parole guardando con comprensione negli occhi e instaurando fiducia è alla base di queste.

Tuttavia se con l'ascolto e le parole possiamo insegnare, ricordiamo che i bambini apprendono da ciò che vedono negli ambienti in cui crescono, ci osservano, e imparano da noi come gestire momenti di felicità e ancora di più quelli di criticità e stress, imitandoci nel loro piccolo ma grande mondo.
L'imitazione è inconscia, imparano da genitori, nonni, educatori o figure adulte che fanno parte della loro quotidianità, e da queste mettono le basi delle persone che saranno in vita adulta.

Impariamo a creare ambienti sicuri in cui i bambini si sentano liberi nell'esprimere le loro emozioni, è fondamentale offrire un luogo senza giudizio, dove possono esprimere liberamente pensieri e sentimenti.

Instaurare un rapporto di comprensione e ascolto già tra le mura di casa, in modo da poter gestire ogni piccola grande sconfitta o crisi emozionale, ma anche per festeggiare e gioire di vittorie e traguardi raggiunti, motivando e incentivando alla crescita.

L'educazione emotiva non dovrebbe essere lasciata al caso. Scuole, famiglie e comunità dovrebbero fornire risorse, come libri, giochi ed esperti, per aiutare i bambini a capire e gestire le loro emozioni.

In troppe realtà ancora non si da la giusta importanza all'emotività dell'individuo, che sia tratti dei nostri piccoli ai primi anni di scuola o di noi adulti nella nostra frenesia quotidiana, abbiamo tutti la necessità di fermarci e ascoltarci.

Ricordare a noi stessi che siamo esseri umani e che è questo a renderci cosi straordinariamente unici, vivere e vedere il mondo a colori e non in bianco e nero.

Alla base di tutto c'è il riconoscimento che ogni bambino ha diritti inalienabili, tra cui il diritto di essere compreso. Questo non è un lusso o un privilegio, ma un fondamento per una società giusta e comprensiva.

Quando parliamo di comprendere i bambini, non intendiamo solo ascoltare le loro parole. Significa coinvolgersi attivamente nel loro mondo emotivo, rispettare la loro individualità e fornire gli strumenti per aiutarli a prosperare. In tal modo, non solo eleviamo ogni singolo bambino, ma plasmiamo anche il futuro della nostra società. Ecco il nostro invito all'azione: impegniamoci a garantire che ogni bambino, ovunque si trovi, sia visto, ascoltato e compreso.

# Conclusione:

## Un Viaggio Verso la Comprensione Emotiva

Abbiamo intrapreso insieme un viaggio, un percorso profondo e ricco di scoperte, attraverso i meandri dell'educazione emotiva. Ogni tappa ha svelato un aspetto, una sfumatura, una chiave di volta per costruire un mondo in cui le emozioni sono riconosciute, comprese e celebrate.

Dall'importanza dell'empatia nella costruzione di relazioni autentiche, alla resilienza come forza motrice per affrontare le avversità, alla magica interazione tra natura ed emozioni, abbiamo esplorato come queste competenze non solo arricchiscano la vita dei bambini, ma modellino anche la società in cui viviamo.

Il fulcro di questo viaggio non è stato soltanto comprendere le emozioni in sé, ma anche riconoscere la potenza trasformativa dell'educazione emotiva. Una società che insegna ai suoi membri, fin dalla tenera età, a navigare nel mare delle emozioni, è una società che costruisce ponti e non muri, che promuove l'armonia piuttosto che il conflitto.

Ma, come ogni viaggio, non si tratta solo della destinazione; è il percorso che conta.
E nel nostro percorso, abbiamo visto come l'attenzione alle emozioni e alle necessità emotive possa effettivamente cambiare il corso di una vita.
Ogni storia, ogni esempio, ogni attività proposta ha evidenziato che, con le giuste risorse e il giusto supporto, ogni individuo può prosperare e crescere in maniera sana e equilibrata.

Mentre ci avviciniamo alla fine di questo viaggio, è importante sottolineare che l'educazione emotiva non è un traguardo, ma piuttosto un cammino in continua evoluzione. Le emozioni, nella loro infinita varietà e complessità, continueranno a sorprenderci, sfidarci e ispirarci.

E, proprio come un fiume che cambia e si adatta al paesaggio, anche il nostro approccio all'educazione emotiva richiederà aggiustamenti, riflessioni e, talvolta, ricalibrature.

Tuttavia, una cosa è chiara: ora più che mai, c'è una crescente consapevolezza dell'importanza di abbracciare e integrare l'educazione emotiva in ogni aspetto della nostra vita. Questo libro spera di aver fornito strumenti, intuizioni e ispirazioni per farlo.

L'invito è a proseguire questo viaggio anche al di là di queste pagine.

Che ogni lettore possa sentirsi ispirato ad agire, a portare avanti le lezioni apprese e a diventare un campione dell'educazione emotiva nella propria comunità.

La speranza è che, in futuro, ogni bambino possa crescere in un mondo dove le sue emozioni sono validate, comprese e celebrate.

Grazie per aver condiviso questo percorso me.

Che questo libro possa servire come bussola, guidandovi nel vostro continuo viaggio verso una maggiore comprensione emotiva e una vita più ricca e appagante.

Se pensi che questo libro sia stato interessante,
che ti abbia aiutato o ti sia piaciuto,
ti invito a lasciare una recensione su Amazon.
Il tuo feedback è importante e contribuisce a perfezionare il mio
lavoro e a guidare altri nella scelta del loro prossimo libro.

GRAZIE

Aurora Petracca